Are You Mad at Me?

你在生我的氣嗎？

真正的內在修復，
從不再聚焦他人的反應開始

梅格．約瑟夫森 Meg Josephson──著
盧相如──譯

獻給那些為了維持和平而迷失自我的人

第 3 章
允許自己開始療癒
承認失落，並處理悲傷

第 4 章
別被自己的想法綁架
善待自己的靜心練習

第5章 情緒不是問題所在

允許自己去感受

第6章 身心俱疲

討好如何影響身體？

第7章 不是針對你

以及其他令人恐懼卻又覺得解脫的真相

第8章 衝突如同死亡，無可避免

如何停止逃避不適？

第9章
重新定義界線
尊重自我需求所帶來的自由

第10章 你是誰？（對，就是你）

重新認識那個早已失去連結的你

第11章
療癒自己，就是支持他人
是時候放手了

作者的話

做為一名心理師，保護我的個案並尊重治療關係中的親密性，始終是我最重要的使命。這些篇章中所描寫的角色並非真有其人，而是以我與個案的經驗為靈感所創作的小故事。

書中所記載的故事並非針對特定人士，而是由一系列共同經歷交織而成的故事脈絡，反映出人際關係的多樣性、複雜性創傷的影響，以及人們對連結與療癒的普遍渴望。我最大的願望是在保護每位個案的同時，誠實地呈現許多人共同的故事與情感。

前言

記起你自己是誰

「為什麼我總覺得別人在生我的氣？」我問心理治療師。

那是我們第一次會面，那天的紐約市悶熱潮濕。她那間鼠尾草綠的小辦公室藏身於聯合廣場與雀兒喜區之間，刺耳的警笛聲如微風飄進屋內。當時的我二十歲，趁著大二升大三的暑假，在一家生活風格雜誌社實習，存了一些錢，足以負擔那個夏天大約五到七次的諮商費用，所以我暗自祈禱，希望她能迅速修補我的問題。

在我向她拋出那個問題後，她緩緩點頭，深吸一口氣，靜靜等待我進一步說明，我也在等她說點什麼。她扶了扶臉上那副紅色長方框眼鏡，重新交疊了雙腿，我的目光則落在她座位上方的那幅畫。我瞇起眼睛，歪著頭，試著判斷上面所畫的到底是一朵花，還是女性的陰部。

我們共度的五十分鐘結束時，我向她簡單介紹了我的家庭背景，然後帶著布滿淚痕的臉頰走出她的辦公室，手上拿著一本她推薦的書——內容有關酗酒成癮的雙親與成年女兒的故事。儘管有些不自在，倒也不礙事。

我原本希望治療師能告訴我「哪裡出了問題」，再提供一套三步驟解方、一份療癒小物，還有一個升級版的自己，但她大部分時間都在問我小時候的事。在接下來的幾次晤談中，我逐漸察覺到，儘管我已不再與父母同住，但在某些層面上，我彷彿仍跟他們同住在一個屋簷下。

我不再需要擔心父親的情緒起伏，卻害怕每次主管傳訊息來，都有可能是為了炒我魷魚；我不再需要細聽父親說話的語氣和節奏，來判斷他是否又喝了酒，卻會仔細琢磨朋友傳訊息時，結尾用句號而不是驚嘆號代表什麼意思。我不再需要用「完美」與「乖巧」來維持家中的和平，但直到現在，我仍害怕被視為不夠完美與乖巧的人。

這種潛意識時刻感到緊繃的過度警戒狀態，成為貫穿我童年與成年生活的主線。就在那個夏天，我終於明白，我現有的這些恐懼不單是需要克服的症狀，事實上，它們發揮了至關重要的作用：保護了過去的我。我以為的自我破壞，其實是自我保護。

那年夏天後，我開始意識到，也許療癒並不是一個可以打勾完成的待辦事項，而是探尋一段令人不適與混亂的內在旅程。儘管如此，我仍深受鼓舞。如果說有什麼是我能確定的，那就是我不想再活在深刻的恐懼裡。我覺得自己像是被一分為二：一半是仍活在恐懼中、童年時的我；另一半則是一個更睿智、更像父母角色的我，知道擁有更好、更平靜的生活並非不可能，只是還不知道該從何著手。

有許多人，尤其是女性，總糾結於「別人是不是在生我的氣」。當伴侶情緒低落時，我們會忐忑不安地問：「你是不是在生我的氣？」要好的朋友不回訊息時，我們會問：「你是不是在生我的氣？」與同事們在洗手間擦肩而過、對方卻沒打招呼時，我們也會想：「你是不是在生我的氣？」又或許，我們根本什麼都不會問，只是在洗澡時默默琢磨此事，直到雙手都泡皺了；凌晨一點仍躺在床上難以入睡，胸悶不已，直到筋疲力盡，不得不放棄為止。

如今，在這個幾乎無時無刻不在與人溝通的時代裡，竟會如此在意別人的看法似乎有些奇怪。然而正由於這種不斷接受外界肯定與安撫的循環（傳訊息、在訊息或貼文下方按讚、視訊、影片……），更使我們陷入不安的漩渦。習慣這種高強度的聯繫後，一旦頻率開始降低，內在專注於生存的自我便會迅速陷入混亂。這個時代裡，能讓他人知道「我們在乎他們」的方式太多了，讓人覺得自己「被遺忘」的機會，也似乎變得更多。

那年秋天開學後，我回到學校，在萬聖節派對上被一名醉漢撞倒，他的額頭以驚人之勢用力撞上我的額頭，導致我腦震盪，傷勢不輕。醫生囑咐我暫時不要去學校上課、不要看螢幕、盡量待在黑暗中休息。我當時並未意識到，這突如其來的停頓將我推向靜心與靈性修練，也引領我找回自己。在那段復原的日子裡，不管是醉漢堅硬如石的額頭，還是宇宙本身，我被迫停止自我麻痺、停止借酒澆愁，或停止用各種事物來分散注意力。我必須與那些長期以來被自己忽視已久、藏匿於內心塵封角落的情緒、記憶與傷口共處。

我本該在這裡用三言兩語告訴你，我是怎麼「痊癒」的。但我的療癒過程緩慢且細微，至今仍在持續進行中。隨著歲月流轉，我甚至沒察覺到自己已有了改變，直到回首往事，才發現如今再次面對那些曾令我緊張不已的情境時，我的態度已經截然不同。過去，當我被內在世界的騷動所擾時，五分鐘的靜心簡直就像永恆一樣漫長。然而某天，我驚覺自己竟能安然坐上一個小時。原本只是嘗試「戒酒」一個月，轉眼間已經七年過去。過去那些會讓我陷入過度思考的小事，如今不再讓人窒息。我開始有辦法經歷並辨識出那些充滿挑戰性的情緒，然後意識到自己不必急著改變它，只要改變自己面對它的態度就好了。

大學畢業後，我感受到一股無法抗拒的召喚，讓我想支持他人走上療癒之路，將更深度的創傷療癒與正念實踐結合在一起。我親身體驗過其中的益處，深信其力量。後來，我前往哥倫比亞大學攻讀研究所，取得社會工作碩士學位，專注於臨床實務的同時，也不斷深化個人的靈性修行，鑽研佛法。當我完成研究所課程，開始以全職治療師的身分執業時，我的診間很快就排滿了個案。來訪者多是女性，她們在焦慮、人際關係、人生目標、自信心等問題上苦苦掙扎，而最常見的問題，莫過於「討好他人」。

舊金山某個霧濛濛的星期二（更新近況：我已經搬到美國的另一邊），我和一位個案進行了晤談。她談到自己每次參加完社交活動回家後，腦中總是焦慮地反覆重播自己所說過、讓人尷尬的話語。她不斷告訴自己，所有人都討厭她，同時也努力克制想傳簡訊向朋友道歉的衝動，她甚至說不清自己到底做錯了什麼。

「為什麼我總覺得別人在生我的氣？」她問。

如今我坐在心理治療師的位置，看著這位個案，彷彿看見二十歲的自己，腦中浮現當年那個大學生第一次諮商時對治療師提出相同問題的畫面。

那天稍晚，我在社群媒體上傳了一段影片，我對著鏡頭說：「嘿，你沒有惹上麻煩；你很好，不會有事的。他們並沒有偷偷在生你的氣。那是你的大腦在說謊，因為它覺得害怕。我知道你可能一直擔心自己其實是個壞蛋，而且大家遲早有一天會發現。但事實是——你很安全。」

短短數小時，這段影片便在各大社群平臺瘋傳，成千上萬筆留言寫著：「你的影片讓我忍不住落淚！」、「這段話……簡直正中下懷！」、「你是我肚子裡的蛔蟲嗎？」

我持續發布與此主題和感受相關的影片，每一次都毫無例外地在世界各地引起同樣深刻的迴響；同時，我也不斷迎接那些走進諮商室的個案，他們內在所經歷的一切，對我而言都是那樣熟悉。

於是，我著手寫下本書，一本我曾在無助時渴望讀到的書，我深信，此刻有許多人正迫切需要同樣的安慰。

市面上有許多以「取悅他人」與「共依存」為主題的書籍，但往往缺乏對這些行為背後根源的深入剖析，也就是**我們為何會產生討好他人的需求，為何選擇放棄自我，以及這些行為背後的脈絡**。「討好」是一種行為模式，當我們害怕讓他人失望、擔心自己惹上麻煩，或在某種程度上感到不安全時，便會採取這樣的行動。儘管它可以用來平復「我是不是做錯了什麼」的不安，卻是一種錯誤的安撫方式。當我們無法關注自己的內在狀態，卻過度聚焦在他人的看法和反應時，就難以進行真正的內在修復。本書正是針對「討好反應」（fawn response）這種行為模式的根源進行探討。真正的療癒，正是從這裡開始。

女性尤其容易被灌輸要過度付出、過度解釋、過度道歉的觀念。我們是照顧者、滋養者、和平維護者。我們被教導要當個能乖能酷的女孩，要對一切人事物給予讚賞，就算是極度令人不自在的隔壁阿伯，也要能硬著頭皮好聲好氣地開口寒暄。我們被教導凡事謹言慎行、不允許擁有太多渴望，學會適應生活裡與情緒上的匱乏，還要優先滿足他人需求，把自己擺在最後。在這個過程中，我們沒有機會了解自己，也沒有機會了解自己的需求、喜愛和偏好。

對那些在功能失調、高度緊張、衝突頻繁或忽視情感的家庭環境中長大的人來說，尤其如此。事實上，「他們是不是在生我的氣？」正是能讓他們內心感到安全的提問。普遍認為，年輕人（尤其是所謂的千禧世代）往往把自己人生中的負面經驗歸咎於父母。但療癒不是為了究責，而是為了讓我們願意正視那些一直以來渴望被看見的傷口，理解那些過去的創傷如何滲入每一個當下，進而讓我們能以更多的接納與溫柔，繼續前進。

我寫這本書的方式，就像我對待臨床工作的方式一樣，融合了正念、靈性、依附理論與內在家庭系統療法，並始終以「創傷知情」（trauma-informed）的視角來看待一切。我從西方與東方的心理學與哲學中汲取養分，特別是佛教思想，將心靈、身體與精神緊密交織，編織成一條完整而溫柔的療癒之路。

本書關乎用我們一直渴望、卻以為自己不配擁有的深厚同理心，溫柔地擁抱自己。卸下那些讓我們被困在過去、無法真正活在當下的保護機制，釋放「必須犧牲自己以成全他人」的牢固信念，屏除那些使我們與真正的自我，以及人生真正的渴望脫節的制約與阻礙。這本書將引領我們，在內心深處培養出堅實的安全感，即使外在世界失序、一切看似失控時，我們仍能擁有一個靜謐且溫暖的歸宿，安然回到自我之中。

書中並沒有所謂的速成解方，因為我們並非有待修理的機械，我也不是全知全能的存在，或掌握了什麼療癒密碼。我希望這本書能揭示你一直以來都知道、卻被痛苦與制約所封印的真理。療癒沒有「完美」可言，同時也是將持續一輩子的修行，它讓我們意識到，其實我們從來沒有「破碎」過。這也是一支幫助我們忘卻智慧，並再次尋回它的舞蹈。我真心希望本書能在你重拾自我的過程中提供支持。當你讀到最後一頁時，如果你能更清楚地了解與自己相處的模式，並以更多的關懷來對待自己，便是我達成自己使命的時候。

一旦不再過度關注他人的看法，我們就能記起自己是誰。

第 1 章

創傷反應

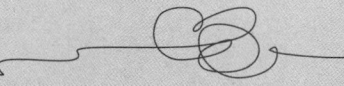

什麼是「討好反應」？
它如何保護你？

你太敏感了

小時候常有人說我「太敏感了」，總是對周圍發生的事情感受深刻，容易流淚，無論痛苦或美好，我都能感同身受。但我不明白，為什麼這項特質會被歸類為缺點？

九歲時，母親溫柔地對我說：「親愛的，我想你開始經歷一連串身體上的變化，這些變化可能會使你的體內充滿許多……荷爾蒙。說不定這就是讓你如此敏感的原因。」

喔，太好了。這下我終於有了答案。

那天，不論遇到誰，我都會走到他們面前，雙手扠腰、自信滿滿地宣布：「我有荷爾蒙！」

隨著年齡增長，我開始因自己的敏感而羞愧，彷彿它是一種醜陋、麻煩的疾病；畢竟「你真敏感」這句話很少被當成讚美。但如今我對敏感的看法已有不同：我將它視為一種微妙的超能力，使我能深刻感受事物，並清晰感知他人的情緒。我現在能坦然欣賞自身敏感的原因，正好就是它在我成長過程中令人厭惡的原因：我能感受到別人的感受；或者說得更精確一點，我能察覺到他人不允許自己感受到的情緒。

念研究所時，我學到了創傷及其對身體的影響，於是開始質疑：真的是我「太敏感」，還是因為父親隨時可能爆發的怒氣，使我學會對他人的情緒及其變化保持過度警覺？或者我只是感受到家中那些未經處理的痛苦與緊張？還是我所察覺到的其實比父母以為的還多？

這究竟是「太敏感」，還是「討好反應」？

討好反應

大腦的主要工作是帶給我們安全感，就這麼簡單。這個原始的求生本能自古便已存在，至少有幾十萬年歷史。它專注於人類的基本生存，比如避免受傷、維持溫飽與繁衍後代，並負責在我們感到不安全時進入備戰模式。當大腦感受到威脅時，神經系統會出現四種反應：**戰、逃、僵和討好**。

本書聚焦的「討好反應」是最少被討論，卻也最常見的創傷反應。「討好反應」是近十年才出現的詞彙，最初是由心理治療師佩特・沃克於二〇一三年出版的《第一本複雜性創傷後壓力症候群自我療癒聖經》中所提出的。其他三種威脅反應則較為人熟知：「戰」是對威脅採取攻擊，以使其消失（例如大聲斥責或動手毆打）；「逃」是指身體離開當前的環境或關係（例如直接逃走或消失不見）；「僵」則發生在身體無法離開時退而求其次，透過心理防衛機制脫離正在發生的一切（例如解離、麻木、沉溺於白日夢）。

「討好」是什麼呢？它是指變得對威脅來說更有吸引力、被威脅所喜歡、讓威脅滿意、對威脅表示贊同或提供協助……如此一來，就能讓自己感到安全。在社會中，這種反應往往遭到忽略，因為它經常受到讚賞。我們因討好他人而獲得升遷；我們因忽視自己的需求而得到「無私」的讚美；當我們放棄自己的需求、提前察覺他人的渴望時，往往能獲得肯定。對許多人——尤其是女性來說，討好是我們從小就開始學習，並被整個社會不斷強化的；我們自幼便被灌輸「人生的主要任務就是取悅、安撫他人，並為他人的舒適犧牲自己的需求」。討好，是一種求生工具，是一種讓人即使身在被剝奪了權力的社會中，仍能下意識覺得自己還握有一點掌控權的方式。

這四種反應並不是固定的特質，也不是我們的命運。我們可能會在不同的時機採取其中任何一種或所有反應，一切取決於大腦與身體覺得哪一種最有效。

討好不是有意識的選擇，而是天生的求生機制。

沃克指出，討好反應是在混亂的家庭環境中發展出來的。當一個孩子發現，「戰鬥」只會讓局勢或施虐的緊張關係升高、「僵住」無法帶來真正的安全感，而「逃跑」也並非總是可行時，「討好」便成為另一種求生策略。孩子「學會透過討好，獲得相對安全的協助者角色」。這些壓力反應本身都是有用、具適應性、且在當時是必要的；但這種反應本該只是短暫啟動，持續個幾分鐘或幾小時，而不是連續數年。然而對許多人來說，長期的討好反應已如同呼吸般自然。

在生命大部分的時間裡，我曾以為討好是自己的天性，甚至曾引以為傲，覺得自己就是個隨和、沒有太多偏好或意見的酷女孩。在那些我根本不想參與的社交圈裡，我能像變色龍般調整自己的性格，讓自己變得討人喜歡。

這種變色龍式的酷女孩氣質，曾保護我很長一段時間。我會密切觀察父親的情緒，在對的時候說對的話，或是在不對的時候選擇沉默。當我察覺到父親開始出現失控的行為時，我會用盡一切方法避免他的怒火爆發。老實說，讓他開心，總比處理他不開心造成的後果要來得容易。

也許只要我快樂、完美又乖巧，他也會快樂；也許只要我討人喜歡，他就不會對我生氣。這些都不是出於意識、經過深思熟慮的想法——討好已成為一種潛意識反應。

的確，討好對當時的我確實有保護作用，然而當那段日子過去，我卻發現自己離「自我」十分遙遠，彷彿從未真正遇見那個稱為「我」的人。我看著別人的雙眼，心裡想著：「他們想聽我說什麼？」然後說出他們想聽的話。

猶記得在某個看似微不足道的時刻，我開始質疑這種放任隨和的態度是否並沒有表面上那麼好，是否表示我忽略了自我。當時我正在為自己在紐約市的第一間公寓（說穿了不過是間斗室）挑選浴巾，我茫然地站在居家用品賣場的第八排走道，對於該選哪一條浴巾毫無頭緒。我突然意識到：我完全不知道自己最喜歡的顏色是什麼。最喜歡的顏色！我記得當時心想：去ＩＧ去看看別人都喜歡什麼好了。接下來的念頭則像一記重拳打在我腹部：「我是真實存在的人嗎？還是說，我不過是沾染了別人性格和喜好的混合體？當我不再試圖取悅所有人時，『我』到底是誰？」

討好不叫「善意」

當你察覺到自己出現討好反應時，你可以想想：「我什麼時候是在討好，什麼時候只是單純在當個好人？」身為人類，我們天生渴望與他人連結、具有社會性、嚮往和諧與歸屬感。療癒討好反應並不會阻礙這種與生俱來的欲望，反而能讓我們更親近它。如果我們不與自己建立連結，就無法真正與他人建立連結。

在討好他人的過程中，我們必須放棄自我，才能達到取悅的目的。別人的舒適感比我們自己的更重要，除非他人安好，否則我們無法安心。為了獲得安全感，我們學會不惜一切代價，都要維持和平，卻因此與自我失去連結，不去思考**「我需要什麼？我有什麼想法？我想要的是什麼？」**等問題。

透過本書，我們將學到「善意」（nice）與「慈悲」（compassionate）之間的真正差異。表現出善意，是因為在乎他人如何看待我們——為了被視為「好人」而去做某件事；慈悲，則是出於真誠地去做一件能讓內心踏實安穩的事。在人際關係中不斷放棄自我，並不是慈悲的展現。善意經常被拿來避免衝突，但如果我們不斷犧牲自己的需求，只為了迎合他人，長此以往，將導致內心的匱乏。

動機很重要。「我為什麼要這麼做？我之所以說『好』，是因為我真心願意，還是害怕對方會因為我說『不』而生氣？我讚美對方，是因為我打從心裡這麼想，還是想讓對方喜歡我？」當我們能在習慣性的行為發生前暫停一下，就有機會看清背後真正的動機。

過度警覺

討好反應的關鍵，正是所謂的「過度警覺」。當神經系統處在過度敏感的狀態下，無論是否有實際威脅，都會對潛在危險保持極度警戒。這時，大腦會持續掃描周遭環境，尋找可能的威脅。短暫的過度警覺是正常的反應，比方說，當你正準備入睡時，突然聽見樓下傳來奇怪的聲音，於是你心跳加速、大腦迅速規畫逃生路線。不久後，你發現那個聲音是烘衣機的運轉聲。警戒模式解除。

對於長期處於討好模式的人而言，過度警覺已成每天的常態，令人筋疲力盡，不但將所有事物視為潛在的威脅，而且這種過度警覺還會延伸到對情緒的監控——我們不斷確認他人的情緒狀態，試圖揣測他們的感受，好讓自己能立刻調整應對。當然，這是大腦某個區域自然產生的功能，而且在許多情境中都非常有用。但對那些困在討好反應中的人而言，這種過度警覺就像打開了過強的電源，即使身處安全的環境，身心依然不肯放鬆，進而陷入過度分析、反覆思索，以及擔心焦慮的漩渦：**你是不是在生我的氣？**

持續警戒的大腦與身體

接下來說明我們的「新」大腦。這是使我們成為人類，並在演化過程中發展出的區域，它賦予我們許多全新的能力，例如計畫、分析、思考、想像；而在討好反應的情境中，這部分會讓我們不斷反芻、苦苦思索：朋友們明明看過我的IG限時動態，為什麼都沒回我訊息？為了說明人類的大腦有多狡猾複雜，我想引用「慈悲焦點治療」（Compassion-Focused Therapy, CFT）理論創始者——心理學家保羅・吉伯特（Paul Gilbert）所舉的例子來說明。首先登場的，是一隻草原動物：

一隻斑馬正沐浴在陽光下，愉快地咀嚼青草，享受牠美味的午餐。忽然，牠的眼角瞥見了一頭獅子，於是血液開始加速流動，心跳加快，身體立刻進入備戰狀態，準備為生存做出下一步行動。千鈞一髮之際，斑馬做出朝反方向衝刺的決定，時間開始倒數……。

就在此時，獅子竟慢慢轉身離開，被下一個獵物吸引了注意力。斑馬立刻平靜下來，危機解除。牠的神經系統回到正常的穩定狀態，繼續無憂地吃著草。

若能做一隻斑馬，多好。

但對人類而言，生活沒那麼簡單。我們擁有和斑馬一樣的生存本能，但多虧了「新」大腦，我們另外具備了重複播放事件、過度分析，甚至是持續關注的能力。因此，當威脅消失後，斑馬能立刻回到內在的安全感之中，人類卻會在心裡反覆播放剛剛那一幕，在心裡無數次想著：那頭獅子會不會回來？萬一牠打算趁我睡著時偷襲怎麼辦？獅子對我是不是有什麼意見？還是我剛才說錯了什麼？

這意味著我們的身體能停留在過度警覺的狀態，彷彿那頭獅子仍近在眼前。對人類而言，不論威脅是真實發生的、存在於記憶之中，或只是想像出來的，我們都可能進入生存模式。我們明明身處安全狀態，反應卻如同受到威脅時一樣，而這種狀態有可能持續數年、數十年，甚至一輩子。

從這層意義上來說，焦慮就像是一個警報系統。你的身體聰明地學會了留意某些可能觸發警報的信號（例如情緒變化或肢體語言），當它察覺到這些線索時，就會警鈴大作，不論威脅是否存在。即使身處安全狀態，身體仍會做出生理反應，彷彿你正處於危險之中，隨時準備迎接獅子的攻擊。

這算是創傷嗎？

伊莎貝爾，四十三歲，坐在我的正對面，伸手拿取另一張面紙，用完後往左手邊放，只見面紙堆得越來越高。這是我們的第五次晤談。她告訴我，從外人看來，她似乎成長在一個充滿支持的家庭裡，擁有一切：父母結縭多年，有一個哥哥、一個妹妹，還有一隻毛茸茸的狗，吠叫聲比牠的體型大得多。但關起門來，父母總是爭吵不休，空氣中彌漫著緊張的氣氛。伊莎貝爾大部分的童年記憶裡，她都是孤單一人，總是讀著從圖書館借來的奇幻小說，藉此獲得安慰，期盼讀到最後一頁時，父母會和好如初。

她自稱一輩子都是個討好型的人，心中總藏有一股深層的恐懼，總覺得自己有問題。

「我知道這聽起來很可怕，但有時候我很希望自己能遭遇一些『大事』，至少這樣能讓我覺得自己的這些感受並非毫無來由。人們會因為我的遭遇而相信我的話，我也會相信自己這樣的反應其來有自。」

當我向她解釋討好反應是四種創傷反應之一，也是許多個案常有的感覺時，伊莎貝爾卻對「創傷」一詞感到困惑：「創傷不是要遭遇某個重大事件才會出現嗎？」

創傷可能是由許多微小的日常瞬間累積而成的，但對身體來說，這些瞬間並非微不足道。

創傷是指神經系統如何感知某個事件或特定時間的經歷，以及身體如何處理它的反應（這就是為什麼即使是手足，即使經歷了同樣的事，其中一人會覺得受創，另一人卻毫無所傷）。

創傷，是發生在自己身上的事件所引發的內在反應，是內心深處的傷口在隱隱作痛，例如覺得被拋棄、覺得自己不值得被愛、對親密關係的恐懼……這些內在傷痛可能來自各式各樣的經驗，不只包括經常在主流媒體中看到的「重大」事件；此外，日常生活中不斷累積的「微小」創傷所帶來的破壞力和痛苦，並不亞於一次性的「重大」創傷。

當那些本該給予我們安全感的人，反倒令我們覺得不安、被忽視、不被愛或視而不見時，這種影響就稱為「複雜性創傷」（complex trauma）。複雜性創傷經常發生在家庭或照顧系統中，因為這些環境理應是讓我們感到安全與穩定的來源。

討好反應通常來自於持續存在複雜性創傷的環境。在這樣的環境裡，我們感受不到應有的滋養與支持，而這種創傷也會以多種形式出現，包括情緒、言語、身體、性等方面，或是忽視與疏離。複雜性創傷之所以令人難以理解和處理，是因為它們多半來自於長期且重複的經歷，而且一直以來都被視為「正常」，是我們熟悉的一切。

複雜性創傷同時也包括了「未發生的事」，也就是自己在創傷發生的過程中及事後未能獲得的支持與關懷。壓力事件發生後，你是否獲得了所需要的照料？

還是被獨自留下，甚至被告知要「自己想辦法撐下去」？身體如何消化壓力事件，會深受事件發生後處理方式的影響，因為創傷的本質更多是關於那道內在的傷口，而不只是事件本身，也因此，療癒永遠是有可能的。我們無法改寫歷史，也無法改變過去的外在境遇，但我們總是能改變自己的內在經驗。

有時確實免不了討好

有時我們必須討好，無論是為了確保自身安全，還是為了領到薪水。將討好視為一種生存反應來討論的同時，也必須承認外部世界與體制對我們的影響。畢竟討好反應就是一種潛意識裡讓自己努力符合父權體制、白人主導社會所定義的「好人」典範，不是嗎？

在男性主導的社會中，討好曾是女性賴以生存的必要手段。無論公開或私下，女性必須在家庭、職場、社會等層面取悅與安撫男性。以美國為例，直到一九七四年，女性才終於獲准以自己的名義申請並擁有信用卡，身處在這樣的社會裡，女性倘若不懂察言觀色、追求男性的認可，該如何立足？除了基本生存需求，女性更在社會化的過程中被訓練去討好：發脾氣會被說是「瘋子」，提出異議會被認為「難搞」，堅定個人立場就會被貼上「婊子」的標籤。

在這個由白人長期擔任守門人，決定黑人、原住民和有色人種是否擁有財產、接受教育、獲得工作、領到薪水、升遷，甚至僅僅是「存在」的社會中，「討好」對非白人族群而言，曾是生存的必要手段。美籍越南裔社會企業家郭睿（Due Quach，音譯）曾提到，在非白人族群中，最常見的討好表現，有可能是將模範少數族裔敘事加以內化，而這種敘事普遍存在於所有非白人社群中。它要求人們高度同化並遵循由白人主導的規則，以至於白人守門人不再將非白人視為威脅，甚至在某種程度上將其視為「榮譽白人」——只要這些人能回應白人守門人心中對於「優良黑人」、「優良亞洲人」、「優良墨西哥人」、「優良原住民」的想像就好。對多元性別族群來說，討好同樣也是一種常見的安全策略。

彼得生長在一個虔誠的天主教家庭中，是尚未公開出櫃的男同志。為了適應以異性戀為主流的環境，他從小就必須敏銳地觀察他人，言行舉止與穿著打扮都要時刻注意。高中時的他一直在打美式足球，儘管他更喜歡上電影課；他觀察別人如何談論女性，自己也和女性約會，好讓別人相信他是異性戀。無論什麼年紀，我們始終渴望獲得他人的認同，並盡可能避免被排斥的痛苦。在回顧那段混亂而艱難的童年歲月時，彼得曾對我說：「我對討好反應的存在心存感激，因為這讓我知道該怎麼做。否則我沒把握自己能撐過來。」

我也有一些正與身心障礙症狀共處的個案，無論這些障礙對他人來說是否明顯可見，他們都逐漸意識到，「討好」對自己而言是種不得不為的生存策略。為了融入多數，他們或是克制自己的口吃，或是在社交場合掩飾情緒或心理方面的疾病，或是穿著厚重的毛衣遮蓋脊髓損傷的痕跡，甚至為了不讓朋友知道自己有慢性疾病，耗盡精力勉強跟上大家的腳步。

你的種族、族裔、性別、性別認同、性傾向、階級、文化背景、宗教成長經驗和／或身心障礙，都可能使你為了在充滿壓迫的社會體系中生存下來、獲得接納，而產生根本性的討好需求。請試著思考一下，這些多重身分的交織重疊，與你渴望被視為「好人」的需求、害怕惹麻煩的焦慮，以及習以為常的過度警覺之間有何關聯。

請記得：討好反應是一種必須且具有適應性的生存機制。有時，我們的確需

要去討好。

這項療癒工作的重點，是以一種現實且可行的方式來修復討好反應——當你不需要的時候，在你感到安全的情況下，學會放下討好行為。

反思提問

一、日常生活中，你會在什麼情況下察覺自己處於過度警戒？

二、這種過度警戒在哪些方面提供你真正的保護？而在哪些情境中，你其實不需要提高警覺？

現在，
你可以安全地回到自己身邊。

第 2 章

現在與過去

個案故事：
討好反應如何展現與延續

做個好女孩

我們全家擠在一輛三菱汽車裡——四個人坐起來算是舒適，但如果硬要塞進五個人外加兩隻狗，就有點勉強。爸媽坐在前座，我夾在兩個哥哥中間，緊挨著彼此，兩隻狗則像毛毯般躺在我們腿上。那年我九歲，這是我們第一次的春假旅行，打算從明尼蘇達開車到佛羅里達，光是單程就要二十一個小時，還不包括中途休息的時間。這趟旅行意義重大，因為這是我們第一次真正的家族旅行。

二哥用膠帶把一個迷你螢幕黏在副駕駛座背後，好讓他能接上 Xbox 打電動。大哥戴著耳機聽 iPod，我則埋頭於《美國女孩》這本以青春期為主題的書。我把書湊近鼻尖，深怕哥哥們看到書中那些發育完全的乳房插畫。

爸媽輪流開車，當時輪到爸爸駕駛。我們原本應該在一一四號出口下交流道，但媽媽一定是沒注意到，因為爸爸開始對她大吼。他猛踩油門、加速前進，彷彿非把怒氣發洩出來不可。我的目光從講解如何使用衛生棉條的頁面移開，看到爸爸從媽媽手中搶過地圖並撕成碎片時，不禁嚇得直發抖。我們全都沉默地盯著這一幕，因為父親偶爾會像這樣大發雷霆。保持沉默，就是在這種時候全身而退的最佳做法。

「冷靜一點，沒事。」媽媽低聲說。

爸爸的情緒終於平復，我們把車開到高速公路的路肩停下來，讓他把那張地圖一片片貼回去，畢竟我們還得靠這張地圖抵達目的地（當時導航裝置尚未普及）。我們重新上路，在令人屏息的沉默中擠在一起。此刻，我腦海裡不斷迴盪的聲音是：**乖一點**。

我從小就以為，每個孩子都能從父母上樓梯的腳步聲分辨他們的情緒。我以為每個家庭的門後都藏著不可告人的祕密，如同一種迷信，不該大聲說出來，因為任何耳語都有可能讓詛咒成真。我以為每個人的父親都有火爆脾氣，餐桌上的玻璃杯不時被震得叮噹作響；但一個小時後，爸媽又像什麼事都沒發生似地正常聊天，討論晚餐該吃什麼。「家家有本難念的經。」大家都這麼說，或許其他人也有跟我們一樣的問題，也選擇視而不見。

然而，當衝突總是被掃進地毯底下，那個決定掀開地毯、面對問題的人——那個願意尋求療癒的人——自然更難相信自己到底經歷了什麼，因為沒有人會站出來說：「沒錯，衝突確實會發生，你的感受是合理的。」那個被說成「小題大作」的孩子，被迫覺得問題出在自己身上，但他不過是說出真相的人，願意指出別人不敢直視的問題。

在我二十歲第一次去諮商之前，我一直處在否認狀態，拒絕承認早期經驗對我的影響。我的故事沒什麼特別的，於是我以此為藉口，否認它的真實性。我所記得的大多數混亂都發生在青少年時期，但我以為那不算什麼；畢竟當時的我自認夠成熟，能承受這一切。我以為，只有當自己經歷的事「夠糟糕」，我才有理由受它影響，而這件糟糕的事必須嚴重到翻天覆地、徹底影響我才行。

但事實並非如此。這令我感到困惑。當時的我確實遭遇情緒的劇烈波動、情感忽視與成癮問題，但父親曾在我十二歲那年夏天，把我的房間漆成粉紅色，還讓我穿上他的寬大法蘭絨襯衫當成睡衣；爸媽每週都會坐在客廳裡，看著我唱作俱佳地表演孟漢娜的〈沒有人是完美的〉這首歌，並且每次都為我熱烈鼓掌。我的療癒之路，從放下非黑即白的思維開始。愛與傷害可以共存。那些溫柔的片段不會抹去曾經的痛，而那些傷害也不會抹煞過去的愛。

這項療癒工作的重點，並不是讓你永遠困在對父母或過往的責備與埋怨，而是讓你能夠承認並客觀理解早期的生命經驗如何影響自己，這樣你才能開始從中獲得療癒。重點是，你終於能允許自己接納那些曾被他人忽視的情緒，並看清雙親的行為與反應從來都不是你的錯，而是反映出他們未曾處理的傷痛——他們的內在小孩也在隱隱作痛。這絕不是替他們的行為開脫，只是幫助我們理解這一切的緣由。

經過多年的心理治療訓練與面對自身困境的歷程，我現在終於明白，我當時的防衛心態其實是一種自我保護的本能。只要我不去肯認那些曾傷害過我的早期經驗，或許它們就不算真正發生過，我也就不必去觸碰那些殘留的疼痛，繼續守護我心中希望父母能成為的形象。

後來，我的防衛心態變成：「話雖如此，但了解這些真有那麼重要嗎？我不也過得很好嗎？」在許多方面，我確實過得「很好」。在此之前，我一直都很符合父母的理想：聽話、成績優異、考上一所不錯的學校；雖然偶爾交了幾個不太可靠的男朋友，但整體來說，我算是個「好女孩」。然而，我心裡有個聲音，讓我覺得自己其實並沒有那麼好；事實上，我內心深處有另一種更沉重的感受，讓我覺得糟透了：我其實是個糟糕的人。

儘管我已成年，但心裡卻依然有種「隨時會惹上麻煩」的感覺。我是個大人了，卻還是下意識認為別人心情不好一定都是我的錯，彷彿我得承擔責任、想辦法「修復」他們的情緒。

大學畢業前，我對自己許下承諾：絕對不會當別人的員工，因為我自詡有創業家精神。但事實上，我不過是想躲在恐懼背後，杜絕任何頂頭上司可能對我發火的機會。我被困在討好型的創傷反應裡。

在某些兒少時期的家庭關係中，學會討好是一種必要的生存方式。討好行為不只從社會中習得，也在家中習得（本該是避風港、讓人卸下防備的家）。許多習於取悅他人的人，最初都是「取悅父母」開始的。以下是一些個案的故事，描述如何透過家庭關係學會討好，以及他們從小就扮演的角色如何延續到成年。

你可能會在這些故事片段中看到自己的影子，某些細節也可能會讓你心生共鳴。並沒有什麼放諸四海皆準的理由能導致討好他人的行為，因為你擁有自己獨特的經驗、身分認同與神經系統。更重要的是，你習慣將過去的經驗代入現在的情感，為了自我保護而在不自覺中忽視自己的需求。每個人對於討好的理解雖不相同，但根本的感受卻是一致的：**我的安全感來自於取悅他人。除非我確定他人對我感到滿意，否則我無法擁有安全感。**

你是否在這樣的環境中成長？

環境中充滿衝突，卻沒人試圖修復？

布莉安娜／和平守護者

布莉安娜來自一個四口之家，家庭成員關係緊密，卻也同時存在兩種形式的衝突：激烈爭吵與冷漠疏離。母親無法控制自己的情緒，而她的情緒起伏決定了整個家的氛圍。媽媽心情好，大家才能鬆一口氣，跟著開心起來；要是她心情不好，全家人就得屏氣凝神，如履薄冰。家人們傳話時經常加上「別讓媽媽知道」——沒必要讓母親知道這些，因為那等於冒著讓她大發雷霆的風險。這樣的家庭關係讓布莉安娜選擇對母親隱瞞生活中的大小事：在學校暗戀誰、某個霸凌者對她說了什麼、即將到來的數學考試如何讓她感到焦慮……隱瞞不說，讓事情變得單純得多。每天早上、每分每秒，布莉安娜都不停想著：「今天我會遇到哪個版本的媽媽？」

對於像布莉安娜這樣的家庭來說，全家的能量都耗在想辦法讓情緒最失控、功能最失調的人開心。即便是極小的事情，都可能讓母親大動肝火：餐廳送錯餐、餐具沒有正確擺放在洗碗機、布莉安娜或弟弟問朋友能不能來家裡過夜……儘管這些事都很微不足道，但布莉安娜的母親經常做出激烈的反應。她會怒吼、摔門，等她氣消後，全家便陷入死寂般的沉默。布莉安娜的母親總是在家裡來回踱步，對於女兒「媽媽，你什麼時候才要跟我說話？」的哀求充耳不聞。布莉安娜試圖與母親四目相交，哪怕只有一秒鐘也好，但母親仍會轉身走開。某年夏天，母親整整一個月沒跟布莉安娜說過半句話，而布莉安娜甚至記不得到底是什麼原因。

困在這樣的沉默裡，布莉安娜既困惑又孤單。她試圖理解母親的反應，潛意識裡卻得出這樣的結論：一定是自己的錯，一定是自己害媽媽不開心，媽媽的需求比自己的更重要。最後，母親再度開口跟布莉安娜說話的原因有兩個：一是布莉安娜輕敲母親上鎖的房門，為自己「做錯的事」道歉，即使她根本不知道自己究竟做錯了什麼；二是就算這個方法無效，母親還是得因為生活中無法避免的瑣事打破沉默，像是學校某份需要簽名蓋章的文件。在這樣的相處模式中，布莉安娜學會將母親的沉默視同自己「遭到遺棄」，並將這樣的信念內化：「如果有人不回應我，表示我一定做了什麼天大的錯事；如果有人對我生氣，我就得立刻道歉，事情才會好轉。」

為了順應環境，布莉安娜學會扮演「和平守護者」。這是她成長過程中的安全策略，而這個角色也延續到她成年後的各種關係裡。她總覺得自己是他人的負擔，為了不被別人說自己「太小題大作」或「太敏感」，總是對自己的問題輕描淡寫。這些正是過去每當她試圖表達自己時，被貼上的標籤。她內心深處始終懷疑自己是個糟糕透頂的人，甚至相信如果有人愛她，不過是因為她「騙過了」他們。

她從小學到避免衝突的最佳方法，就是順從別人的意願；一旦衝突真的發生，只要採取低姿態道歉就行。她置身事外、保持中立、先觀察別人的想法再決定自己的立場，用這種方式來維持表面的和諧。她喜歡讓自己處在隔岸觀火的狀態，因為這讓她較有安全感。她在人際關係中被視為超級隨和，但其實她從來沒有機會去探索自我的想法與喜好。她極度害怕衝突發生，害怕只要一點點意見不合，就會毀掉整段關係，因為在她成長的家庭裡，衝突總是被放大成無法承受的風暴。她優柔寡斷，不知道自己真正想要什麼，也不敢惹任何人不開心。

討好反應經常出現在像布莉安娜家這樣的成長環境裡，這裡充斥著許多形式的衝突，包括激烈爭吵、冷漠疏離或被動攻擊（指消極帶有敵意且避免直接溝通的行為），事後也沒有任何修補或開誠布公的討論。衝突本身是無可避免的（我們將在第8章深入討論），但其中有個關鍵，就是「修復」。來自父母的道歉可以像這樣：「嘿，對不起，我剛才對你大吼，這是我的錯，不是你的，我正在努力控制自己的情緒。」同時，父母也應該積極努力找尋能安撫自己的方法，如此才有可能為關係帶來真正的修復與成長。

我有許多曾與情緒不成熟父母相處的個案都說，童年創傷最令人痛苦的部分並非創傷本身，而是從來沒人提到這些事。當他們鼓起勇氣想談論時，卻往往被打斷、否定，甚至被指責小題大作，或是以各種反駁阻斷了對話的可能。對布莉安娜來說，就像是聽到「好吧，我大概是個最差勁的媽媽！」或「我說什麼都不對，乾脆閉嘴好了」之類的話。

孩子多半渴望能修復與父母的關係，並願意為此敞開心房，只要父母也願意走向修復，療癒就能真正開始。但在充滿討好反應的家庭裡，衝突頻繁發生，事後卻總是遭到掩蓋，日子就這樣若無其事地繼續下去。有時，大人會告訴孩子「父母會有這種反應都是你的錯」，像是：「看看你把爸爸逼成什麼樣子！」也有些父母會逼迫孩子向情緒失控的雙親道歉，只為了讓衝突盡快結束。對孩子而言，這一切極度令人困惑。倘若事後沒有任何修復、沒有承擔責任，也沒有承認衝突的發生，孩子很自然就會發展出「自責」做為因應機制，他們會相信那些衝突與壓力都是自己造成的。

孩子只能自行試圖理解衝突發生的原因：「我惹爸爸生氣，一定是我做錯了什麼。」當這種情況一再發生，孩子的解釋會逐漸從「是我導致不好的事發生」變成「我是個糟糕的人」。也因此，討好者內心往往藏有很深的羞愧感，以及害怕自己不夠好的恐懼，並且總是悄悄深埋在心中。相信自己是壞人，要比承認父母無法好好照顧自己和孩子來得更安全。我們開始相信：自己一定哪裡有問題。這樣根深蒂固、長期累積的羞愧感讓我們覺得自己不值得被愛、不被需要，甚至打從心底覺得自己很糟糕。

和平守護者堅信：

- 壓抑自己的情緒，比冒著惹對方不開心的風險來得容易。
- 我必須向他人證明我是一個好人，因為我害怕自己是個不折不扣的壞人。
- 當別人心情不好，那一定是我的錯。
- 我會根據他人的情緒改變自己。

家中總是氣氛緊繃？

西奧／表演者

「我爸媽總是以被動攻擊的方式互相指責，好像他們只會這樣溝通。」西奧對我說。他說家裡幾乎沒有衝突，因為什麼事都不會攤開來說，但相反的，西奧能深刻感受到一種無人說破且無所不在的緊繃氣氛。他是家中的獨生子，所以維持父母關係的和諧成了他的主要任務。他很清楚，父母的婚姻並不幸福，多年的積怨就像厚重的烏雲籠罩著整個家，他甚至懷疑爸媽是否還記得當初結婚的初衷。從父母的話語中，西奧拼湊出那些怨恨的源頭，像是「幸好西奧還有個家長知道什麼叫負責」或「喔，別擔心，我一個人就能搞定，跟往常一樣」。他知道爸爸總是失業在家，也知道錢永遠不夠用——經濟永遠是家裡的問題。隨著年紀漸長，他逐漸明白父母兩人都有嚴重的憂鬱症。

看著父母你來我往地發動攻擊時，他會試著調解、開個玩笑、轉移話題，只為了讓那股緊張的氣氛緩和下來。他告訴我：「我知道這聽起來或許很奇怪，甚至有點糟，但我記得我曾偷偷希望他們離婚；至少那股壓力就會消失了，他們或許會因此變得快樂，我也總算能獲得自由。」

緊繃的家庭關係，是過度警覺的來源。

即使家裡的緊張氛圍不是針對你，你仍被困在其中。在高度緊繃的家庭環境裡，孩子會時刻注意其他家庭成員的情緒，並試著不斷調整自己。媽媽看起來似乎很難過，我得安慰她，這樣爸爸才不會因為她不開心而生氣。爸爸看起來好像快爆炸了，我要轉移話題，讓他恢復好心情。同樣的情況也常出現在難以管理與調節自身情緒的單親（或單一照顧者）家庭裡。孩子心裡總想著：我要怎麼讓爸爸／媽媽開心？我是不是做錯了什麼，才讓他們不開心？

對西奧而言，他就像是在扮演一名「表演者」，以幽默和不斷展現的正能量，驅散父母（尤其是母親）的緊張與憂鬱，這是因為他想讓媽媽感覺好一點。成年後，他覺得自己有責任讓別人開心，卻與「真正的自己」漸行漸遠，因為他總是在舞臺上扮演其他角色，使得別人難以真正了解他的內心。

這令他感到既孤單又疲憊。每當他覺得有人情緒低落時，就會陷入焦慮的漩渦，極力想確保每個人開心。這一切其實有跡可循，他小就知道，一旦有人不高興，他就會覺得沒有安全感，或是想去猜測對方的感受。衝突讓他極度不自在，因為他從沒看過有人以冷靜、有效的方式處理衝突。他總是在腦中演練最糟糕的情境，因為他永遠不知道事情什麼時候會由好轉壞。他在不知不覺中養成一種習慣：只要四周陷入一片沉默，就表示一定有什麼不對勁。所以他會不斷揣摩他人的言外之意，反覆思考自己在人際關係中的一舉一動。

表演者堅信：

- 我有責任討別人開心。
- 我需要討好別人，才能確保他們喜歡我。
- 放鬆對我來說是不安全的。
- 我一直都在演戲，維持他人期望中的自己。

從小扮演父母的角色？

蘇菲／照顧者

蘇菲的妹妹從小患有嚴重的學習障礙，並伴隨著心理方面的問題。由於妹妹的情緒反覆無常，因此父母將大部分時間與精力都用來照顧妹妹，以確保她的情況穩定。蘇菲渴望自己能有個平穩的家，並能從妹妹那裡分到一點父母的關愛，所以她總是問自己：「我要怎麼做，才能讓妹妹，進而讓爸媽也覺得快樂？」每當全家一起看電影時，父母總是說：「讓妹妹選要看哪一部吧。」家庭出遊也幾乎圍繞著妹妹的喜好。就算偶爾在放學後和朋友見面，蘇菲也經常接到父母的電話：「你還不快回家幫忙照顧妹妹，她的狀況不太好。」蘇菲很愛妹妹，願意為她做任何事，但蘇菲卻沒有意識到，自己在這個過程中已離內心越來越遠。

蘇菲透過扮演「照顧者」的角色找到安全感。對每個孩子而言，最大的渴望無非是感覺被愛與安全，蘇菲則是藉由成為「幫手」來換取這分感受。她成了父母的非正式諮商師，聆聽他們傾訴對彼此的不滿、日常煩惱、自身困擾，甚至包括他們的童年創傷。她從不談自己的問題，因為她不想增加父母的負擔。她總是主動分擔各種家務，希望能幫父母省下一點時間——說不定能用來陪伴她的時間。

她總是將妹妹的需求與偏好放在自己之前，而這樣的策略不斷被父母強化。他們常說：「你真是個乖孩子。」或是：「是你維繫了我們一家，要是沒有你，我們該怎麼辦？」老師也經常對蘇菲說：「你真是懂事！」她確實如此，因為她根本別無選擇，只能提早長大。她將大半時間與精力投入於滿足家人的身心需求，久而久之，竟忘了自己其實也有需求，也有渴望。

成年後的蘇菲早已習慣過度付出，然後又為此暗自怨恨。她難以設定界線，總是將自己的價值建立在是否夠體貼、是否幫得上別人的忙。她是個「親職化兒童」（parentified child），自幼便分擔了父母的部分責任。成年後，她變得極度獨立，覺得任何事都不必假手他人，也難以向他人求助。她是朋友眼中的「治療師」，煩惱時第一個會想到的人，她卻總覺得自己的情緒與問題只會成為別人的負擔。蘇菲從小接收到的訊息是：只要能替別人減輕壓力，就能獲得愛與關注。於是當她自己感到壓力重重或情緒崩潰時，她會選擇隱藏這些感覺。沒有人會主動關心她，因為所有人都以為她能遊刃有餘地搞定一切；她也會不自覺地尋找需要被「照顧」的對象，因為這樣的互動對她而言最是熟悉。問題是，這樣的關係徒然讓她更加疲憊與心力交瘁，最終只剩下隱忍與怨恨。

身為親職化兒童的蘇菲，在心裡培育了一名嚴厲的批評者，當她忙著扮演父母的角色、無法得到應有的養育和指導時，這名批評者便成了不可或缺的替代品。她也發現自己會批評那些不像她這麼獨立的人，部分原因在於她嫉妒那些人可以不必提早長大。

也許你在單親家庭中成長，也許父母或手足患有肢體或身心上的嚴重疾病，讓你必須承擔更多責任；或者，你出身移民家庭，父母依賴你幫助他們融入異國文化；又或者，你成長於在物質匱乏的環境，或是雙親無法在情感上承擔起「父母」的角色。導致孩童親職化的原因有很多，但這些人的想法卻都是差不多的：為了讓自己感覺安全、穩定，從小就學會把自己的需求放在一邊。

照顧者堅信：

- 我曾以為，只要我夠在乎對方，他們最終也會一樣在乎我。
- 我需要安撫他人的情緒，這樣我自己才會覺得好過。
- 他人的需求比我自己的更重要。
- 我的價值在於付出與照顧他人。

沒人在乎我的感受？

艾莉西亞／孤僻者

儘管艾莉西亞出生於五口之家，卻始終感到孤單。即使和父母同處一室，彼此之間仍覺得隔著一道牆：他們對她的生活不感興趣，也從來不想認識真正的她。有一次，她參加為期一個月的夏令營，看著同齡孩子們收到父母寄來的包裏，裡頭不但裝滿了最喜歡的糖果，還附上親筆信，說有多麼思念他們。她卻什麼也沒收到，心裡不禁想著：「我猜爸媽大概不知道我喜歡什麼。」

她覺得自己能與家人產生連結的唯一方式，就是抱怨與八卦。她渴望與父母建立更深的連結，但每當她試圖談論真正重要的話題時，他們要不就是隨便敷衍她一番，要不就是拿她開玩笑，或者乾脆轉移話題。並不是因為他們殘忍，只是他們太專注在自己身上，而她也沒有其他能深入建立情感的家族親戚。

當艾莉西亞感到痛苦、渴望安慰時，她只能獨自尋找。每次和父母爭吵後，她會關在房間裡哭，暗自期盼他們會輕敲她的房門、走進來安慰她，但這件事從未發生。她生病時，父母會覺得生病是一種困擾，彷彿她故意讓自己生病，好讓他們的生活變得更忙亂。在他們眼中，她之所以煩惱，並不是為了尋求安慰或連結，而是一種負擔、一個需要被壓抑的麻煩。這是她從小熟悉的世界，也是她一直以為的「正常」。

和蘇菲一樣，長大後的艾莉西亞變得過度獨立，因為她早就知道，依賴他人是件危險的事。成年後，她甚至下意識地不想讓父母知道自己過得不錯，因為她害怕，一旦他們覺得她「沒事」，就會停止關心她。

情感忽視之所以令人感到困擾，是因為人們常常覺得這件事沒什麼大不了。

我們或許能隱約感覺到受到他人的忽視，卻未必能明確指出到底發生了什麼，並把這種匱乏內化為「我不值得被愛」或「想要被愛，就得努力爭取」。情感忽視不會留下真正的痕跡，不像明確的批評或負面回饋，它只是默默地讓我們感到孤單，讓我們覺得自己從未被真正看見和聽見。如果你的照顧者沒有投入情感照顧你，這種感受會更深刻。

當孩子的情感需求一再得不到滿足時，他們會覺得自己不配被愛，認為自己必須靠努力換取他人的愛。但由於這種「愛」不會自然降臨，因此這種想法會讓他們深深害怕遭到拒絕或遺棄，因為他們已學會「我的需求不重要」或「我的要求太多了」。為了避免遭到拒絕與伴隨而來的痛苦，他們會壓抑並輕視自己的需求，不斷向外界尋求認可，好勉強維持自尊。

艾莉西亞在「孤僻者」的角色中找到了慰藉。她之所以學會凡事靠自己，並非出於選擇，而是生存的需求。當她不去「打擾」父母，才會獲得他們的讚美：「你真是乖巧。」他們會這樣說，而這就是她取悅父母的方式。這種「獨行俠」式的行為逐漸滲透進她生活的每個角落：她只參加單人運動（主要是網球），為的是持續展現她能依靠自己、不需要他人的支持，也就不會讓任何人失望。她從不因任何事情打擾父母，不論是課業上的困難，或是青少年時期經歷的嚴重焦處。她覺得，一個人待在房間裡最讓她感到安全。

成年後，艾莉西亞仍選擇與他人保持距離。她早就知道自己的需求得不到滿足，也不希望任何人為此感到負擔，這使她在人際關係中始終與人疏離。別人越想靠近她，她反而越渴望孤獨，因為要是需求被看見，卻仍遭到拒絕，這種痛苦將令她難以承受。儘管內心孤單無助，卻又渴望與他人建立深層的連結，於是她不斷向外尋求認可與肯定，只為撫慰那個渴望被看見的自己。

孤僻者堅信：

- 愛難以取得。
- 透過不讓自己親近任何人來避免衝突。
- 讓他人了解自我是不安全的。

討好反應與依附類型

就依附類型而言，討好反應最常出現在那些具有焦慮型依附的人身上。如同前面的幾個案例與接下來要探討的，「討好」對於那些認為自己屬於迴避型依附的人來說，也是一種保護機制。討好反應並非固定不變的特質，依附類型也不是。無論我們是以焦慮（例如不斷要求保證、反覆思索、緊抓不放）或迴避（例如過度自給自足、極端獨立）來因應，人們的根本目標都是一樣的：避免遭到拋棄和拒絕，並盡可能在關係中感覺安全與穩定。至於選擇用哪種方式來達成這個目的，取決於我們在早期依附經驗中所感知到「最安全、有效」的生存策略。

即使我們在成長過程中不曾發展出安全的依附關係，我們仍能慢慢學會在人際關係中建立安全感——討好也是如此，我們可以在生命中的任何階段學會擺脫這種慣性的討好反應。無論你的依附類型為何，無論討好反應如何在你身上呈現，目的始終只有一個：培養內在的安全感。當人際關係出現波動、肢體語言發生變化，或生活帶來各種壓力時，你都能回到安定的內在，有意識地與自己重新連結，感受自己的需求、身體與情緒。

情緒是多餘的，完美才能被愛？

卡特／完美主義者

身為第一代移民的女兒，卡特承受著無比巨大的壓力，她必須事事完美，令父母感到驕傲。她的家庭關係緊密且充滿愛，但十分看重成就，以及外界對她與家人的看法。卡特的父親非常嚴格，表現完美便是卡特迴避父親批評的方式。大學畢業後，卡特選擇進入醫學院就讀，但這不是她自己決定的，而是早在她還不會握筆時，家人便賦予她的期待。

她的父母常常難以控制自己的情緒，使得卡特必須承受他們突如其來的爆發；然而每當她感到悲傷、憤怒或害怕時，父母卻會將這些情緒斥為「毫無用處」，因此，卡特從未學會如何面對它們。當她經歷這些情緒時（畢竟是個有血有肉的人），她只能試著把它們壓下去。此外，由於父母總是打壓或嘲笑她的負面感受，她開始相信，之所以會出現這些情緒，是自己有問題。得不到情感認同與理解的卡特，覺得自己像是個隱形人，無人支持。

卡特透過扮演「完美主義者」來因應成長過程中的壓力。她總是表現優異，在父母眼中是能帶給他們驕傲的孩子。國中時期，她曾因歷史報告拿了 A 而不是 A^+，導致情緒低落。她討人喜歡，會依照周遭的人們調整自己的性格，希望每個人都喜歡她（即使這表示有時她並不喜歡這樣的自己）。她極度害怕犯錯，也害怕別人發現她犯了錯，因為在成長過程中，只要出錯，就會遭受嚴厲的批評，無論是打破玻璃杯，還是踢足球時沒有成功射門。她無法承受任何形式的負面回饋，因為對她而言，只要被別人看見自己的「不完美」，便與身陷險境無異。

她希望別人認為她總是表現良好。一聽到有人進門，她會立刻把手上的電視遙控器換成書，這樣別人就不會以為她在偷懶。她對自己非常嚴厲，總覺得自己做得還不夠，內心也藏著深深的羞愧感，因為她不是自己所期待的完美之人。她不敢嘗試新事物，始終待在自己的舒適圈，因為她害怕當個新手、從零開始。她經常覺得自己只是在裝腔作勢，好讓別人看不見她內在的混亂與脆弱。因此，她覺得沒有人能了解真正的她。她學到的是：必須表現完美，才值得被愛。

內在安全感的基礎，來自於與照顧者之間的情感連結。如果我們在表達情緒時遭到批評或忽視，身邊又缺乏能協助你處理這些情緒的照顧者，你很可能會認為自己想必不對勁，卻又說不上來哪裡出了問題。我們從小就不斷聽到諸如「別哭了！」、「不要小題大作！」、「你太敏感了！」或「你到底是怎麼回事？」之類的話，到頭來，你會覺得一切都是自己的問題，只因為你有著父母無法控制的情緒。

完美主義者堅信：

· 我太過情緒化，而且我永遠做得不夠。
· 我必須隨時全力以赴，別人才會喜歡我、不會離開我。
· 我必須完美才能被愛，所以我不停地想要讓別人刮目相看。
· 在我內心深處，一定有哪裡出了問題。

你遇過霸凌嗎？

瑞秋／變色龍

瑞秋小時候常被霸凌，尤其是國中時期，當時她和家人才剛從另一個州搬來。開學第一週，班上那群「自認為很酷」的孩子簡直就是以霸凌瑞秋為樂，儘管老師再三警告，他們還是嘲笑她的穿著，笑她在課堂上所說的每一句話。有個畫面讓瑞秋印象深刻：那群人邀請她一起吃午餐。她帶著懷疑，卻也懷抱一絲希望，拿起她的三明治和巧克力牛奶，小心翼翼地走向他們的桌子。正當她準備坐下時，一個男孩突然把椅子拉開，她摔倒在地。圍在桌子旁的所有人哄堂大笑，瑞秋奔向洗手間，在廁間放聲大哭。

那天稍晚，當她回到家時，她迫不及待地想告訴父母發生在學校的事，希望能得到他們的安慰。但他們卻只是憋住笑，要她堅強點。「我敢說，事情沒有你想像的嚴重，試著多融入他們吧。」她的父親說。霸凌持續發生，她的父母也繼續忽視這一切。

瑞秋心裡產生了某種轉變。她不打算讓霸凌繼續下去，於是開始以「變色龍」的姿態適應周遭環境。她開始迎合霸凌者的喜好：看他們討論的節目、聽他們聽的音樂、把髮型梳得跟他們一樣，不是為了融入他們，而是為了不讓自己再被嘲笑。這正是瑞秋「討好反應」的源頭——為了避免衝突與傷害，為了極力爭取認同，她選擇改變自己，成為不會被霸凌者盯上的人。

成年後，她感受到很深的自我疏離，越來越無法觸及自己的渴望、喜好與性格。她感到空虛迷茫，不確定自己是誰，也不知道自己真正想要的是什麼。她難以替自己發聲，經常調整自己的觀點好迎合他人，這導致她極度厭惡自己，覺得自己像個冒牌貨，整天穿著偽裝度日。她害怕被看見，於是選擇隱藏自己的天賦、埋藏自己的夢想，只為了不被他人察覺和批評。

為了保命，只能討好

露西／變色龍

和瑞秋一樣，露西也覺得變色龍的姿態能帶給她安全感。她十幾歲的時候，繼父性侵了她，地點就在家裡，但她的母親毫不知情。每當繼父心情低落，諸如工作不順遂、和母親爭執或心情不好時，侵犯的行為就會變本加厲。露西非常害怕和困惑，並開始自責：「媽媽會怎麼看我？是不是我傳遞了什麼錯誤的訊息？是我自己導致了這一切嗎？」

在那些受到虐待和孤立的可怕歲月裡，順從繼父所有的要求讓露西找到了安全感。「如果我能讓他開心，也許他就不會再傷害我。」她盡全力取悅他：不吵鬧、加入他的玩笑，經常為繼父和母親準備晚餐。

與露西對談時，她經常傾訴自己因這段經歷而感受到的深刻羞愧，深怕自己就是共犯。她渴望繼父的認可，並為了得到認可而討好他，令她羞愧難當。一段時間後，露西開始意識到，當施虐者比自己年長、強壯、有權力，且與她同住一個屋簷下時，「討好」是她能用來降低眼前威脅的最佳策略，因為反抗會讓自己陷入更大的危機，離開家則不在她當時的選項裡。懂得以討好自保，可說是十分聰明的本能。

本章所提到的個案，大多與情感虐待和忽視有關，而這些形式往往是外人難以察覺的。對於曾在生命任何時刻遭遇過任何形式虐待（不論在性、身體、情感等方面，或是自認不夠完美的「自戀型虐待」）的人來說，「討好」是一種常見、高明，卻又遭到低估的生存策略。它看起來或許像是將所有精力和注意力都投入於取悅施暴者，或是花更多時間與他們相處、為他們辯護、做任何能讓他們高興的事，也因此常會有人問：「你怎麼不離開？」只能說，很多人並不理解討好反應在面對虐待時所發揮的作用。

即使知道這段關係有害或充滿虐待，卻仍選擇留下，正是「討好反應」運作

的結果。

「只要我能讓他們更開心，一切說不定就會好轉；如果我能更隨和、好相處，情況也許就會平靜下來。」

最讓人困惑的是，當愛與虐待交織出現時，你會在潛意識裡相信這一切混亂是自己造成的——都是你的錯。你會緊抓那些愛的片刻不放，哪怕只是一星半點，並想著：也許事情沒那麼糟。但討好反應背後那個潛意識的核心動機始終不變：**「除非我知道你對我滿意，否則我無法感到安全。」**感到羞愧與自責很常見，然而要知道的是，當身體在充滿威脅的處境中，它會用（它認為）最聰明的方式來保護你、幫助你生存下去。

變色龍內心堅信：

- 我要隱身其中、讓自己變得渺小，才會安全。
- 我不能說「不」。
- 我不知道自己是誰，也不知道自己要的是什麼。
- 被看見、被察覺，是一件危險的事。

遺忘的童年

我沒有太多關於童年的記憶，僅存的回憶模糊得像電影片段。在許多畫面裡，我孤單地度過，獨自打發時間。童年記憶很奇妙：即使在安全、穩定又充滿愛的環境中長大，我們也不可能記得所有的事，因為那時大腦還在發育。但如果曾經歷創傷，不論是重大的單一事件或日復一日的微小傷害，都會讓記憶變得更加模糊。

研究顯示，創傷會導致大腦封印記憶，甚至抹去整段時光，以保護我們免受那些記憶與時間帶來的痛苦。那麼，我之所以遺忘，是因為保護機制？或者單純因為我當時只是個孩子？這真的令人困惑。剛開始接受心理治療時，我以為如果無法回憶起過往，就無法獲得療癒。但事情完全不是這樣。

你不需要記得自己的童年、青少年時期，或是任何曾讓你感到壓力的事件與時期，才能獲得療癒。你不需要翻找那些混亂的細節，也不必重回那些痛苦的場景，才能繼續前行。就算不記得童年，也能與童年的自己連結，撫慰那個曾經的你。你可以運用當下擁有的一切，例如身體、情緒、內在經驗……做為找回當年感受的線索。我們可以利用當下正在發生的事，來修補過去的傷痛。我們擁有的，就只有此時此刻，這樣就夠了。

討好者的安全清單

當我們走過童年、青少年時期，並邁向成年時，那些曾令我們感到安全的角色會一路跟隨我們成長。我們心想：這是當年保護我、讓我安然度過一切的做法，所以我也會繼續這樣做。

以下是一些成年生活中常見的討好反應。當你閱讀每一項時，不妨停下來問問自己：「我在什麼時候學會這麼做對我有幫助？它曾如何保護我？」

- 總是擔心別人怎麼看我、喜不喜歡我、是不是在生我的氣。
- 一味付出、不設界線，心中積壓許多怨氣。
- 不計代價迴避衝突。
- 總是害怕惹上麻煩或被當成「糟糕的人」。
- 總是懷疑自己根本是個壞蛋，一直欺騙身邊的人。
- 不斷尋求外在的認可與肯定。
- 為了他人的好心情與快樂，壓抑自己的需求。

- 對他人情緒與氣氛過度敏感、經常保持過度警戒。
- 為了試圖讓自己被聽見或獲得理解而不斷解釋一切。
- 覺得都是我的錯，只能不停道歉。
- 因為不想讓任何人失望，或是根本不知道自己究竟喜歡什麼而難以抉擇。
- 不信任自己的判斷與決策能力。
- 難以辨識自己的需求並表達出來。
- 總覺得自己不夠好，不配擁有任何成就。
- 總覺得自己在「演戲」，拚命想讓別人留下好印象，以證明自己。
- 覺得自己在人際關係中就像隻變色龍，不斷改變自己迎合他人。

討好的本質是我們為了避免遭到遺棄或拒絕，並盡量放大愛與安全感所學會的生存方式。諷刺的是，我們雖然下意識不希望被別人拋棄，最後卻選擇拋棄自己。為了滿足討好所需要的極度順從，我們不得不與自己的情緒、感受與需求徹底切斷連結。我們被迫壓抑自己的悲傷、恐懼與憤怒，只為了避免與照顧者產生衝突或引發其負面反應。但正如我們接下來將了解到的，這些情緒、感受與需求並不會就此消失，它們會以自我批評與自我厭惡的形式轉向我們自身。

當我們陷入持續的討好反應時，上述所列舉的諸多行為就會滲透到生活的各個層面。生存本能使我們的思考變得非黑即白：為了以防萬一，我最好在每段關係的每分每秒都討好對方。

這並不是說我們永遠不需要討好。面對老是找你麻煩的主管，討好確實有其必要；但面對提供你安全感且理解你的伴侶，它顯然沒那麼需要。當討好成為我們預設的行為模式，當我們就連面對最好的朋友、伴侶，或是那些令我們感到安全，甚至完全不需要討好的人，也開始討好時，正是展開療癒的最佳契機。其核心是：在我們不需要的時候擺脫生存模式，把長期的討好反應當成需要更新的舊軟體。你現在已經進化到最新版本，舊版軟體已經不再與你的新系統相容。

熟悉等於安全

看到這裡，你可能會想：好吧，親愛的治療師，我知道討好反應過去曾經保護了我，但為什麼我現在還是無法擺脫它？

如果這一章你能只記住一句話，我希望是這句：

對人類而言，熟悉等於安全，陌生就是危險，即使事實並不如此。

大腦中最原始的結講，也就是試圖讓我們活下去的部分告訴我們，安全感來自於熟悉感。如果身心對討好他人與過度警戒感到熟悉，是因為它們在早期的生存環境（甚至是整個社會）中提供了保護，我們才會把這些行為視為安全的象徵；即使那些情境有害，但人類還是會不自覺受似曾相識的情境吸引，因為我們知道如何在其中生存下來。於是我們不自覺執行討好者的角色，因為這是我們熟悉的生存方式。在接下來的章節中，將探討當我們遭遇創傷時，身心會一直停留在那段巨大壓力的事件或時間裡，並據此做出相應的反應。

創傷重演

熟悉事物對我們的吸引力，也說明了為什麼許多討好者會不自覺被情感疏離或自戀的人吸引，因為這些關係重現了童年時期的混亂，並帶來了如同「家」的熟悉感。對討好者而言，扮演照顧者、當個有用的人，甚至被他人利用，都是很熟悉的互動模式。因此，當我們遇到一個讓我們想起早期關係的人，潛意識就會立刻做出反應：我遇過這種狀況，我知道怎麼跟這種人相處。

我們經常受那些能讓我們回憶起過往關係（尤其是與父母之間）的人吸引

的另一個原因在於，儘管那些關係曾讓我們飽受傷害、覺得自己不夠好、不被接納，但我們也下意識希望有機會「修復」它們，心想：這一次，我會讓他們真的愛我，並撫平當初那段關係帶來的痛苦。於是我們努力付出更多，只盼對方有一天能改變，讓我們終於能感受到自己變得夠好。但現實是，我們想要的「修復」不可能發生，因為這些人從來就沒有能力以我們應得的方式愛我們。

你的勝利在於哀悼那些未曾得到的，並帶著勇氣前行，找尋自己真正值得擁有的一切。要打破這些潛意識的循環，做法是把這段關係帶到意識層面，誠實地問自己：我為何受到這個人吸引、來到他的身邊？我之所以喜歡他，是因為他讓我想起了那些熟悉的過去？還是因為我真心覺得安全、自在，並享受與對方在一起的時光？

從另一個角度來看，任何對自己而言陌生的事物，例如設下界線、學著說「不」、表達自己的想法、與情緒穩定的人在一起……都令我們感到危險，因為那是全然陌生的體驗。當你習慣討好他人時，清楚直接的溝通反而會讓你覺得像是在發動攻擊。如果你一直以來都活在警惕裡，那麼過度警戒就會成為你成年後的日常；如果你經歷過的只有混亂，那麼對你的神經系統來說，健康、穩定的關係只會顯得索然無味。在接下來的章節中，我們會緩慢而細微地療癒目前的模式，為你的身心建構全新的「熟悉感」，在大腦中開闢全新的神經通道，學習新的存在方式。

在這趟療癒之旅中，你可以不斷回頭問自己：現在感受到的不自在，是因為它真的不安全？還是因為不熟悉？

一個人的早期經歷對自我信念有著深遠且具有發展性的影響，但這並不表示命運已成定局。大腦是具有可塑性的——這裡指的是「神經可塑性」，意思是大腦具有改變與重組的能力。神經科學家麥可．莫山尼克（Michael Merzenich）的研究顯示，大腦擁有改變、學習和成長的能力，而且終生如此。換句話說，即使我們數十年來一直被困在討好反應裡，也不是無藥可救，因為大腦原本就是為了改變而設計。

相信我，來找我諮商的個案中，大多數都被困在討好反應裡，真的很多人都是這樣。讓我們一起展開這段療癒之旅吧。首先，我們需要放下「一定是我有問題」的想法，放下因過度付出、過度道歉、迴避衝突、壓抑需求而產生的自我懷疑。請將「我為什麼會這樣？」轉化成「我會這樣做，自然有它的道理」。你是一個學會了以最適合的方式來適應處境的人，你活在一個教導我們「應該為他人的愉悅而放棄自我」的社會體制中。過去的你懂得盡可能維繫和平，這是多聰明的本能；你能如此靈敏地感知周遭、建立一套真正有效的安全機制，這是多聰明的設計。感謝你，過去的我。現在，該是讓你好好休息一下的時候了。

？反思提問

一、成長過程中，你用了哪些方式討好他人？這樣的行為如何保護你免受傷害？

二、現在，「討好」是如何以沒那麼有幫助的方式出現在日常生活中的？

謝謝你，過去的我，
一直以來努力保護我。
現在我很安全了。

第 3 章

允許自己開始療癒

承認失落，並處理悲傷

遇見悲傷

母親在五十九歲那年開始出現早發性阿茲海默症的症狀，當時我才十九歲。漫長而痛苦的悲傷歷程就此開始，你得眼睜睜看著至親一點一滴地從自己眼前消失。從一開始的失語，逐漸變成忘記鎖門；隨著歲月流逝，甚至開始遺忘彼此曾共度的時光。同時，我也為那段自己渴望擁有的關係深感哀悼——即使在她健康時，我們也無法達到的親密。

母親的離世迫使我感受並接納那早已存在的悲傷。悲傷是如此赤裸：我的心被掏空，空出來的部分正好是一個我自小渴望的母親形象。在哀悼她的同時，我也同樣哀悼父親。

悲傷不只關於失去某人，也與自己未曾擁有的東西有關：悲傷，是再怎麼渴望受到呵護，卻沒有能呵護你的父母；悲傷，是過節時看著其他家庭團聚一堂，自己卻只能在夢中想像；悲傷，是雖然想打電話跟父母聊聊，卻心知肚明他們不會真的傾聽；悲傷，是明明與家人同在一個屋簷下，卻仍渴望一個真正的歸屬之地；悲傷，是儘管自己重視家庭，卻沒有一個家能安放這分情感；悲傷，是放下最後一絲希望，不再希望某人能變成自己所需要的那個人；悲傷，是放下對童年、家庭、親子關係或手足情誼的期望——那些你從未擁有，卻深切渴望的關係。悲傷，正是討好者在療癒歷程中不可或缺的一步。倘若我們未曾誠實面對它所帶來的傷害，就無法直接進入接納與關懷。

當我們還小的時候，很自然會將照顧者視為高高在上的存在，並極力守護自己心中那個理想的父母形象。我們很自然希望他們永遠是對的，認為他們無所不知——如果連他們都不知道答案，還有誰會知道？如果父母不值得信賴，這個世界對一個孩子來說，也未免太可怕了。然而隨著年齡增長，我們開始意識到父母也是有血有肉、有缺陷的人，也就不再是我們所崇拜的偶像了。悲傷的歷程之一便是允許自己意識到這件事。在療癒過程中，我們的內在經常出現抗拒，因為我們仍想保護心中珍視的父母形象。但請記住一點：尋求療癒，不代表背叛父母。

有位個案，從小就被直接或間接灌輸「我很蠢」的訊息。這句話有如詛咒，糾纏著她直到長大成人。成年後，她最大的不安，就是害怕別人發現自己「不夠聰明」，或被視為「無能」、「搞不定」。而在她的世界裡，這種信念以冒牌者症候群的形式出現：「我憑什麼做這件事？」、「其他人憑什麼認真對待我？」

透過諮商，她逐漸意識到，自己之所以緊抓著「我很蠢」的信念不放，是因為她內在年幼的自己仍認為爸爸說的沒有錯。如果爸爸說她笨是對的，那麼或許他對其他事的看法也是對的，畢竟他終究是那個可倚靠的大人。要療癒關於「我很蠢」的限制性信念，首先得接受一項事實：父親無法成為她需要的那種父親，並為自己「期待父親能符合理想父親形象」的心願哀悼。

我二十歲時第一次去諮商，一開始，我對心理治療師非常抗拒，因為我不希望她是對的。我不想承認父母無法滿足我的情感需求，因為一旦承認了，就必須面對那分痛苦。對當時的我而言，那種痛太陌生，也太可怕。

如同療癒過程中的其他面向，悲傷並不是一個「打勾完成」的任務，而是一種持續性的存在，會隨著自己的經歷和人生的不同階段而改變。當你意識到父母不是、也從來無法成為你需要的那種父母時，你會感到深深的悲傷。當你發現父母不是你的避風港，也不是你在緊急時刻求助的對象，你會感到深深的悲傷。當你發現自己一直是照顧者情緒上的支持者，卻無法得到同等的支持時，你會感到深深的悲傷。當你意識到，不該靠著乞求才能與父母建立親密關係時，你會感到深深的悲傷。當你自己為人父母，卻發現沒有可以效法的榜樣，只能靠「自己未擁有過的一切」來勾勒對家庭的想像時，你會感受到深深的悲傷。承認這分悲傷，是療癒旅程中至關重要的第一步。

悲傷是焦慮的好兄弟

「進教室時，把自己當成主人。」母親幾近焦慮地睜大眼睛，一副非要我把她這番話聽進去不可的樣子。「我媽以前也是這樣跟我說的。」她補充道。

或許你以為我要去《穿著Prada的惡魔》裡那位「時尚教母」米蘭達的辦公室面試，事實上，那只是我七年級開學第一天的早晨——雖然說實話，兩者一樣可怕。我們剛從明尼蘇達搬到維吉尼亞，而我正要迎來人生中最殘酷的一段校園時光。當時我的門牙有著奇大無比的牙縫，牙醫甚至說「連卡車都開得過去」（原話如此）。我戴著牙套，尚未交到任何朋友。當我走出家門、準備搭校車時，我回頭看了媽媽一眼，她堅定地點點頭，鼓勵我，嘴唇無聲地說出那句話，彷彿擔心我已遺忘：「進教室時，把自己當成主人。」

那天放學回家後，母親靜靜坐在沙發上，如旁觀者般沉默，身體往後靠，一臉挫敗。父親則像平常一樣，朝我吐出一連串辱罵，那些話語最後則成為我內在的聲音。當時我才十三歲，我們剛剛搬了家，我原以為這次搬家能讓父親的鬱鬱寡歡留在漫長的明尼蘇達冬夜，但炎熱的維吉尼亞讓一切更加沸騰，他的怒火變得更旺。也許只要我們再搬到別的地方，那團黑暗便追趕不上我們。

「你是哪根筋不對勁？我哪裡惹你了，你那是什麼臉？」他說。

我的目光迅速飄向母親，等待她為我挺身而出，為我做點什麼，或是說句話，哪怕只是一個微小的舉動都好。沒錯，我生父親的氣，但我對母親生的氣不太一樣。也許我之所以生媽媽的氣，是因為那樣比對爸爸生氣來得安全。

我氣她，因為我會替她說話，她卻沒有為我做一樣的事。我心想：我好想念媽媽——即使她就坐在我身邊。**你在哪裡？這些年你都在哪裡？**

接著，我因為生氣而羞愧：生氣是不是讓我變成一個不孝的女兒？

筋疲力盡，再加上無話可說，這場爭吵最終落幕。爸爸一如往常咆哮著上樓，吼著他每週一次的宣示——他恨透了自己的人生——那些話深深鑽進我內心最柔軟、最受傷的角落。母親翻了個白眼，彷彿無言地表達對我的認同，我則退回自己的房間；在那裡，我終於能將怒火轉化成痛苦，允許自己在孤單中流淚，因為不會有人再批評我。

青少年時期，保持沉默開始讓我覺得彷彿背叛了自己，內心的恐懼則被一股更強烈的力量所籠罩。一直以來，我所學到的是「唯有保持沉默才能維持和平」，但後來我意識到，那不是我的和平，也非常厭倦這樣做。我的身體承受著所有人的怒火，我不想再這樣下去。其他人會說：「喔，那你將來應該去當律師。」但我只是不想再被忽視，希望能有人能聽見我。

目前為止的人生裡，我對爸爸的偏愛明顯多於媽媽。儘管他陰晴不定，我卻總是忍不住想靠近他。被他挑毛病，讓我覺得自己受到重視，也覺得至少比被他推開來得安全。我常忍不住想，我有兩個父親：一個是我的摯友，另一個則讓我害怕；既會毫無預警地對我破口大罵，也會在超市買彩虹糖給我。我還記得自己曾希望他單純就是個刻薄的父親，至少這樣一來，我不會對他產生其他複雜的感受。他的怒火最常在車裡或家裡爆發，因此我盡可能避免帶朋友回家，否則和朋友聊天的同時還要屏氣凝神，留意他的一舉一動，免得朋友們看見父親的真面目，感覺太累了。我不想再繼續演戲，所以乾脆選擇孤立自己。青春期的我，是父親怒火與批評的主要發洩對象，這讓我困惑不已：我到底哪裡有問題？我怎麼會讓他這麼不開心？由於他無法控制自己的情緒，於是我學會：讓他保持心情愉快是我的責任，但我總覺得自己隨時有可能被逐出家門。

你可以生氣

摩根說，她爸爸人前人後判若兩人。在公共場合裡，他溫暖、友善又幽默，深深以她為傲，逢人便誇讚她的成就。但在家裡，他會瞬間變臉，易怒，刻薄，甚至出現言語暴力。「我總覺得他只是在利用我的成就，塑造他自己的形象。」她解釋道。「他會在外人面前說我的好話，但他從沒親口對我說過。人們總是說：『你有個好爸爸！他人真好！』但他們根本不知道我認識的那個人，完全不是他們看到的那一面。」

每當有人稱讚她的父親，摩根都會感到一股強烈的憤怒油然而生，但她不能表現出來。當孩子看見自己的父母展現出截然不同的兩種面貌時，他們會在潛意識裡相信，一定是自己哪裡有問題，因為只有自己才會看見父母親「不好」的一面，別人卻看不見。孩子會想：如果別人眼中的爸爸那麼溫暖、友善，為什麼我總是感受不到？一定是我的錯，一定是我不好，他們才會對我發脾氣。

儘管憤怒是悲傷歷程中的一環，但太多人從小就被灌輸「不可以生氣」，這使得我們從未真正悲傷過。如果你在成長過程中所目睹的憤怒總是以極端的形式表現出來，你學到的會是：**憤怒等於危險。必須不計一切代價避開憤怒，免得發生衝突與爭執。憤怒是應該害怕的東西**。

那麼，當你在成長過程中感到憤怒時，你是如何面對的？對許多人而言，憤怒要不是受到懲罰，就是遭到忽視，或者我們總是被告誡「不可以有這種情緒」。於是我們學會：憤怒是壞事，如果我感到憤怒，就表示我有問題。我們將在第 5 章深入探討，憤怒其實是人類自然且健康的情緒之一，能以常規的方式來處理。選擇如何回應憤怒是我們的責任，因為它的存在本身並不是什麼禁忌。

對於習慣扮演討好者的人而言，承認憤怒是最重要的行動之一。憤怒是一種多年來反覆受到壓抑的情緒，也經常伴隨羞愧感，但羞愧只會進一步把憤怒推向更不見天日的角落。諷刺的是，一旦我們開始練習允許憤怒存在，它反而不會那麼容易化為怒火，這是因為我們願意讓憤怒在體內自由流動。當我們願意承認內在那個開始理解這一切的青少年或自我（無論他是什麼年齡），並告訴他們：「你可以覺得受傷，也可以生氣。你的憤怒是合理的，值得被看見。你不會因為生氣而變成爛人。」療癒，就能從這裡開始。

矛盾的真相

矛盾的真相可以同時並存。你可以對父母在情感上給你的一切心懷感激，同時也能為他們無法給予的部分感到悲傷。你可以對他們曾經歷的苦難與創傷懷有同理，同時也能對自己所經歷的一切感到憤怒。你可以接受在當時的認知與資源限制下，他們已經盡了最大的努力，同時也能承認即便如此，他們仍然深深傷害了你。

沒有人能毫髮無傷地走出童年，世上也不存在「完美」的父母。我們不妨這樣思考：父母的脆弱將成為孩子的力量，而這正是人類社會得以不斷向前推進的方式。我相信，母親對我付出的關愛絕對不亞於對她自己，也絕對不亞於她母親對她的愛；至於父親，我想他在某方面應該做得比他爸爸更好一些。儘管這些想法並不能抹消我所遭遇的痛苦與忽視，但提醒自己「父母的痛苦不是我的錯，我沒做過任何應該要承受這一切的事」，讓我感到輕鬆。

父母經常提起他們的上一代如何掌控他們的生活，嚴格干涉他們的職涯選擇與人生方向，嚴格定義什麼是「好」與「壞」。面對我和哥哥們，父母試著用自己的方式打破這個循環，讓我們自由選擇人生的道路，沒有施加太多壓力或干涉——除了十一歲那年，我跟爸爸一起看完電影《夢幻女郎》，猶記飲料杯裡仍有尚未融化的冰沙，我向他宣示：「我要當一名女演員！」（但爸爸立刻說：「不行，你不能這樣做，你會染上毒癮然後死掉。」）除了成為演員，我真心相信我能做任何自己想做的事。他們讓我自由探索自己感興趣的東西，從不過度給我壓力——某種程度上來說，是因為我自己承擔了所有壓力。

當父母的情感不夠成熟、難以預測、自我中心或總是吹毛求疵時，孩子多半會認為：唯有成為高成就者，才夠資格待在父母的羽翼下，維持他們所賦予的特殊地位。當「愛」是有條件的，獲取成就便成為孩子少數能掌控的事物之一，增加獲得父母關注與認可的機率。我這輩子幾乎都在對自己施加極大的壓力（而且毫無自覺），以追求成就，只為了不讓父母不開心，並享受父親偶爾的讚賞與認可。被視為「特別的存在」，這種感覺真的很獨特。

有時，他們給予的自由太粗糙，就像原本他們只是想灑點肉桂粉，結果蓋子掉了，整罐肉桂粉全倒了出來。在他們眼中那或許是自由，但對我而言，有時卻像是情感上的忽視。他們不只是對我的職涯選擇採取放任的態度——我知道他們愛我，但他們真的了解我嗎？

我在幼年時期便隱約感覺到這分隔閡，卻搞不清楚到底是怎麼回事。直到我二十多歲時，媽媽不再當我和爸爸的溝通橋梁（「你想跟爸爸說話嗎？我叫他來聽。」），兩人之間所有的屏障都被卸除，使我更能清楚看見。我發現，總是我主動打電話關心他，而他只有在需要我幫忙時才會連絡我（例如尋求我的意見、增強信心，甚至是金錢上的協助）。我希望他對我的生活感興趣、參與其中，但不明白的卻是為什麼想跟父母維持緊密的關係這麼難？「至少，他現在不再對我大吼。」我這樣說服自己。

出於取悅他人的本能，我曾以為，只要再努力一點，也許一切就會改變。我曾以為，只要我再完美一點，也許就能擁有渴望的父女關係。現在我明白了：父母的行為並非我不值得被愛的證明，也不是因為我做得不夠多，才無法換來他們的愛。他們已經療癒了他們有能力修復的世代創傷，而我，正在療癒那些他們無法處理的傷痕。

無盡的等待

「我只希望他能知道他傷我多深，」艾莉克絲說，「這樣我才能放下。」多年來，艾莉克絲一直在等待父親的一句道歉，或者，承認她確實因為他的情感忽視而承受痛苦與孤單。

「你的心情不難理解。但事實是，那句道歉可能永遠不會出現。這樣的話，是否表示你永遠無法獲得療癒？」我問。

在各種形式的衝突中，無論是來自父母的傷害，還是一場撕心裂肺的分手，我們經常等待來自外界的提示（例如一聲道歉、一句認可，或是哭得一把鼻涕一把眼淚），以展開療癒。但我經常提醒個案，也提醒我自己：一個人對自己的了解有多深，了解他人的程度就有多深。

倘若父母有能力造成那麼深刻的痛苦，他們就必須經過許多療癒的過程，才有可能獲得足夠的覺察，為這分痛苦承擔責任。如果我們要等到外界的信號燈亮起，才願意前行，我們其實是把自己的療癒交到別人手中。這是因為我們通常對他人的改變存有幻想，但萬一他們不會呢？幻想對方會因此道歉或改變，其實是內心正在尋找控制痛苦的途徑：也許只要我聽到那句「對不起」，心裡就不會那麼痛苦。

不再試圖要求傷害我們的人承認我們的痛苦時，療癒就會開始。我們經常向外尋求肯定，尤其從那些曾讓我們受傷、情感上卻看不見自己做了些什麼的人，但他們也許這輩子都察覺不到。一再重述自己的傷，或是努力向一個情感不成熟的人證明自己的價值，不但無濟於事，還會讓自己深陷痛苦、憤怒與無力的循環中。當你願意接受現實，就可以開始向前邁進，並給予過去那個受傷的你一直想要的肯定：

「我相信你。你經歷的一切真的很辛苦。但那不是你的錯，你不該承受那些傷害。你再也不需要努力讓他們明白。」

向前走，不等於「放下」，或是壓抑情緒。

這意味著允許自己看見自己，並接受那分你曾希望對方也能看見與承接的痛苦，這也代表著你要在失落感中繼續前進。不是因為你「已經不再痛」，所以能夠前行，而是即使傷痛依舊存在，你仍能帶著它溫柔前行，當疼痛感再次浮現時，能輕輕安撫它。

根據我自己的經驗，也根據陪伴個案從受傷的親子關係中療癒時所見，當一個孩子渴望與父母建立健康、良好的關係時，往往會不斷選擇原諒，甚至為此對許多事情睜一隻眼閉一隻眼，只為了保有某種形式的聯繫。我見過許多成年子女為了維持與父母的關係，願意原諒他們過去帶來的無數創傷；他們能理解父母自己也經歷過難以言說的痛苦，並對此感同身受。然而阻礙彼此建立緊密關係的最大痛點，是父母依然如故，既無法正視過去給子女帶來的傷害，也無意在當下做出改變。一旦父母明知故犯，就不再是「無知」的錯，而是出於有意識的選擇；正因為如此，才讓我們更加心碎與哀傷。

當你選擇成長，但父母或某個重要的人依舊停留在原地時，的確會很痛苦。我們要做的或許不是去改變他們，也不是去改變你們之間的關係，而是改變「你與這段關係的連結」。從表面上來看，這段關係或許不會有任何明顯的轉變，但真正的改變是內在的，是心境上的轉換，是放下「關係一定會有所改變」的期望，並誠實接納隨著這分認知而來的痛苦。

悲傷不會就此消失，只是漸漸變得熟悉，成為日常的一部分；而我們的生命也會圍繞著它繼續生長——但首先，我們必須願意看見那分痛苦的存在。

孤獨感

情感上遭受忽略或在情感不成熟的父母照顧下成長，總讓人感到極度困惑，因為即使你的物質需求妥善獲得滿足，但內心依然覺得空虛。倘若主要照顧者無法提供安全的情感連結，可能會導致我們在童年（乃至於成年）產生深刻的孤獨感。你覺得自己需要隱藏自己，因為完全展現自我是危險的；或是就算與他人建立親密關係，內心仍覺得缺少了什麼。對孩子來說，情感上的孤寂是一種「習慣成自然」，就像一堵無形的牆、某種始終無法穿透的疏離感，即使與家人同處一室，依然孤獨。那是一種深植內心的空虛與寂寞，你會覺得自己不斷追逐「家」的感覺，追逐某種從未擁有的希冀之物。

即使長大成人，即使在其他方面已經獨立，我們依然渴望並需要父母的情感陪伴。我發現，情感忽略所造成的創傷，常在成年早期被放大，因為人們多半不再與父母同住、在餐桌上閒聊日常，或是討論怎麼過節。於是，同住時自然產生的連結出現了缺口，留下需要被填補的空隙。當彼此住在不同的地區或空間時，就得有人主動打電話問候對方最近過得如何。對於曾經歷情感忽視的人來說，他們常意識到一個殘酷的現實：這段關係，原來只有我一個人付出；疏離始終存在，只是現在更加清晰。孤獨感甚至可能發生在每天都與父母說話的人身上。這與彼此說了多少話無關，關鍵在於情感的深度，是一種「你從未真正了解我」的遺憾，一種儘管父母雙全，卻仍覺得不被了解的空虛。

我還記得一段國中時期的回憶。當時我和班上的閨密正在戶外上體育課，我們並肩慢跑，速度慢到可以閒聊昨晚《美國偶像》的選秀進度，又不至於讓體育老師發現我們在打混。那是九月底的維吉尼亞，炙熱的陽光強烈地曬著我的後頸，跑道揚起的塵土在空氣裡飛舞，在我的手臂上覆蓋了一層薄薄的粉塵。我不記得當時的對話，只記得某種突如其來且清晰的恐慌：我的閨密真的覺得我們很親密嗎？還是我根本無從感受她心中對親密的定義？

「親密感」向來令我困惑。我經營人際關係的方式是對的嗎？我應該比現在表現得更「親密」嗎？直到現在，我仍很難用言語描述那種感受。我記得有一次，我問這位閨密：「你有沒有想過，如果關係終究會結束，跟誰變得親近到底有什麼意義？」我試著用開玩笑的語氣講出來，但我其實是認真的，我真的很想知道她是否也想過這個問題。

到了青春期後期，每當我開始與某人親近時，這個問題就會一直困擾我。隨著時間推移，我開始懷疑，自己之所以不斷追尋親密感（並擔心自己缺乏），是否源於我在童年時期沒能從父母那裡獲得這種感受？從童年延伸而來的孤獨是一種模糊卻沉重的經驗。它像一團烏雲，總讓人覺得有哪裡不對勁，卻怎麼也說不上來哪裡有問題。

這種孤獨感往往被「過度獨立」所掩蓋，這是一種根深蒂固的信念，讓你認為凡事必須靠自己，因為向他人求助是不安全的，依賴別人只會帶來失望。你被迫早熟、變成「小大人」，從小便練就照顧自己的本事——生病時自己煮粥、剛拿到駕照就去採買生活用品，只為了好好「照顧」自己。我很早就學會，自己是唯一能完全信賴的依靠，然而那些技能從來無法撫平內心深處的孤寂。

當個案說：「我不需要任何人，我可以一個人搞定。」在我這個心理治療師的腦中，往往會把這句話翻譯成：「當我真的需要別人時，卻沒有人在，所以我學會保持距離，總比讓別人靠近後又再次失望更安全。」儘管「討好」像是在面對威脅時的「適當」反應，能短暫為我們帶來認可與肯定的快感，但它最終只會延續那種對我們而言再熟悉不過的疏離。討好讓我們無法展現脆弱、誠實面對自己，它讓人際關係停留在表面，情感上卻始終與人保持距離。討好是出於維持短暫的和諧，而犧牲了與他人真正的連結。我們與他人的親密程度，反映的其實是我們與自己的距離。

覺得自己總是落後

「我總覺得自己在人生的道路上慢了半拍，彷彿在邁入成年生活的第一天，就錯過了關鍵的新生訓練，沒拿到重要的人生指南。」克拉拉說道。對於許多討好者或任何在成長過程中處於生存模式的人來說，覺得自己在生活中總是「落後」是另一種常見的體驗。

生活在一個不斷告訴我們「做得不夠好」的社會裡，我們被催促著達成更多成就、不要造成他人負擔，對那些在混亂環境中長大的孩子而言，這種「落後」的感覺尤其深刻。當你忙著生存、周旋於人際關係、調節他人情緒時，那些在情緒穩定家庭中長大的同儕，卻有餘裕發展自我、探索世界、學習成長，並好好認識自己。請記得，那些用來迎合他人、討好求生的歲月並非虛度，我們可以為這段時光感到哀傷，卻不需要額外多加一層自我厭惡。請記得，討好是一種潛意識的生存反應，我們所能做的就是對這個長年保護我們的內在表達感謝，承認他的努力，一步一步學習新的做法，並帶著更深的覺察往前走。**感謝你一直保護我。現在你可以好好休息了，不用再這麼辛苦。**

深層創傷的結構複雜，無法「克服」，不代表你無法獲得療癒——此刻你的內在若能感到安全，才能觸及那等待被看見、更深刻的面向。從失落走向療癒的第一步，是學會承認他的存在。當失落出現時，試著用語言表達，哪怕只是簡單一句「這就是悲傷」，都能對你有幫助。悲傷不是線性的進程，而是宛如一波一波襲來的浪濤。

二十一歲那年，我返家過聖誕節，母親卻在同一段對話中，重複問我同樣的問題三遍，我默默感到哀傷，並壓抑自己的恐懼，只為不觸及她內心的恐懼。二十七歲那年，當我在婚禮上走過紅毯，她已搬進全天候照護機構滿一年，無法參加我的婚禮，我再次為此感到哀傷。在我寫下這段話時，她的生命已走到尾聲，看著朋友與他們的母親關係日漸深厚，如同摯友般親近，我感到哀傷不已。我哀悼母親的生命逐漸走向凋零，也哀悼我們之間從未真正擁有母女之間的親密關係。與此同時，我也為儘管還在世，卻讓人感覺彷彿早已遠離的父親哀悼。悲傷從未真正離去，它彷彿化為我身體的一部分，在我體內刻畫出一道道痕跡，但悲傷會改變形態和樣貌，時而退居幕後，時而回到眼前。時間不斷流逝，生命不停前行，我們也是。

要這段失落中獲得療癒，表示你要能客觀看待自己的父母，認清他們的痛苦與情感疏離從來不是你的錯，他們表現出的行為也不代表你哪裡有問題。當父母深陷自己未曾處理的創傷與痛苦時，沒有哪個孩子可以安然擁有一段「健全」的童年。今天之所以走到這一步，並不是我們的錯，但療癒的關鍵卻掌握在自己手裡。當你手捧這本書，開始與自己的內在建立關係時，你已踏上療癒之路。

？反思提問

一、什麼事令你感到哀傷？當你試著承認它的存在時，是否浮現出任何抗拒？

二、什麼事令你感到憤怒？（你有權利感到憤怒。）

三、當你回顧過往，是否同時浮現彼此矛盾的情緒？

我承認自己感受到的失落。
我的內在有足夠的空間，
同時接納悲傷與感激。

第 4 章

別被自己的想法綁架

善待自己的靜心練習

覺察內在聲音

「好吧，但我要怎麼停止那些讓我焦慮的念頭？」米婭問道。我們才剛做完一項正念練習，在那五分鐘裡，我要她單純觀察自己腦中的對話。我問她感覺如何、注意到了什麼，她開始描述自己的思緒把她拖往哪些地方：採購清單、覺得自己或許不配要求加薪、忘了回覆一則簡訊、上週在辦公室的聖誕派對講了太多話（這件事她反覆提了好幾次），還有對自己連五分鐘都坐不住感到煩躁。

許多個案都帶著一種想「修復」自己的迫切感，亟欲擺脫那個吵鬧又焦慮的內在聲音（順帶一提，我當初也是如此）。當我告訴他們，療癒的目標並不是要讓那個焦慮的聲音消失，因為你越想讓它安靜，它發出的噪音就會越大聲。你必須開始覺察這個聲音的存在、不去受到它的影響，並學會安撫它。療癒最關鍵的核心是對自我的覺察。你會明白，腦中的聲音不是你，你只是那個注意到它的人。

你腦中的聲音整天都在說話，對所有事發表評論、糾結於過去、憂心未來。人類有一顆不停思考的腦袋，當你真正去注意到它到底講了多少話時，甚至會有些震驚：難道它沒別的事做嗎？

請你暫停一下，留意此刻在自己腦中浮現的念頭。你不妨暫時放下這本書，單純觀察哪些念頭前來拜訪，就算只有短短十秒也好。

你聽到談話聲了嗎？

念頭不是終極真理

萬般思緒如同浮雲掠過心頭。開始覺察這些內在喧囂後，你或許會發現，我們多麼容易相信那些帶著恐懼的念頭，卻趕走懷抱希望與樂觀的想法。「一閃即逝的念頭」不代表任何真理。另一方面，有些事就算不是事實，卻會被我們視為「真相」：由自我貶低或焦慮驅動的想法（像是「我不值得被愛」、「我注定孤老一生」）往往比正面想法（像是「我值得被愛，包括我混亂的這一面」）更讓人信服，這是因為大腦天生容易擔憂和自我防衛。我們腦中的聲音經常帶著恐懼，把過去的經驗拉進當下的情境。我們可以承認這些聲音的存在，但也必須知道這些聲音不是正確的。我們的感受是真實的，但圍繞那些感受而來的念頭卻不一定都是真理。

焦慮的念頭與控制的假象

佛教中有個核心觀念：擔憂或執著於某個情境，會給我們一種虛假的控制感。討好者往往等待最糟的情況發生，好事降臨時反而難以置信，因為他們總是習慣對一切事物保持戒慎恐懼的態度。

成年後，這種保護機制便會以「過度思考」的形式出現：只要把最糟的情境反覆想個七七四十九次，萬一它真的發生，就不會措手不及；如果把想像中的對話從各個角度都演練一遍，到時候要是真的發生，就會知道該如何應對，也就能掌控不可避免的負面情緒。之所以在腦中一再重播那些最糟的情境，其實是為了掌握「一旦真的發生，我們會有什麼感受」。如果那個最糟的情境會引發內在強烈的恐懼、憤怒或罪惡感，我們就會一次又一次在腦中進行模擬，好讓自己提前想好該如何處理那些令人不適的情緒。

事實上，我們無法掌控那些即將降臨的隨機事件，也無法決定一場對話會怎麼發展，但這件事對大腦來說很難接受，因為它只有待在「確定」的環境裡才會覺得安全。真正的修練，是看出人類對所有事物的控制有限。研究顯示，雖然我們相信預想最糟的情況能幫助自己做好情緒的應對，但這種思維模式多半無法真正減輕事件發生時的痛苦，反而會在等待與想像的過程中，讓焦慮與壓力節節升高，卻無助於降低事件本身帶來的情緒衝擊。一再糾結於最壞的情境，並不會讓事情真的發生時變得較容易承受，只會讓我們平白受更多苦。大腦和身體無法分辨什麼是想像，什麼是真實；從生理反應來說，它們產生的感受是一樣的。所以當我們不斷用最糟的可能性折磨自己，倘若壞事最後真的發生，就等於經歷了兩次同樣的痛苦，一次在想像中，一次在現實裡。

討好，是潛意識試圖以自欺欺人的方式獲得虛假控制感的方式（這裡特別強調「潛意識」，是因為討好是一種具備適應性的求生機制）。只有當我們開始有意識地覺察自己正在討好，才有可能打破這個循環。討好讓人覺得安全，因為它讓我們覺得自己能掌控故事走向和別人對我們的看法，這一切都是為了迴避內在的不適感與難以承受的情緒，因為正視它們令人恐懼。

有位個案曾對我說：「如果哪天我不再感到焦慮，這些念頭會跑到什麼地方？我的注意力會放在哪裡？」控制欲的背後，其實是深刻的不安。我們之所以執著於那些令人焦慮的念頭，是因為可以暫時逃避，不必去面對和感受那些潛伏在內心深處的負面情緒。但在這些不安的另一端，正是自由的所在。是時候開始相信未來的你能幫助自己走過困境了——畢竟一直以來，未來的你總是能幫助現在的你度過難關。

認識內在的批評者

重複出現的念頭會在潛意識裡扎根。你可以把這個念頭發出的聲音想像成一部錄音機，裡頭儲存了我們從手足、霸凌者、朋友、社會、大眾媒體——尤其是父母那裡所聽所聞的一切。這些背景噪音通常來自於被主要照顧者所內化的聲音，比方那些在情緒失控時反覆說出的話語。從很小的時候開始，這些聲音就悄悄變成我們潛意識裡的信念；我們透過這些信念看待世界、理解人際關係，也以此看待自己。大腦會主動尋找能「證實」這些潛意識信念的訊息，好確認它們是真的。因此如果你的潛意識早已受到制約：「別人心情不好一定是我的錯」或「沒有人真的喜歡我」，那麼你的大腦就會開始尋找能佐證這些信念的線索，例如緊盯別人的表情，看看他們是否覺得你的玩笑不好笑，並過度分析他們的反應。

許多人早在童年時期，內在就已形成了嚴厲的批評者，原因是為了填補自己所缺乏的支持。

在「內在家庭系統」（Internal Family Systems, IFS）療法中，一個人的自我是由許多具有保護功能的「內在部分」組成。這些內在部分（Parts）就像你體內有許多微小的你，他們盡己所能保護你，好讓你內在的「系統」順利運作，唯一的目的則是確保你的安全。在你陷入討好反應時，有個你並未察覺到的部分正在運作，這個部分正是「恐懼」，他認為自己必須拚命努力，以確保沒有人生你的氣，每個人都喜歡你，也不會產生任何衝突。這些念頭在你人生的某個階段曾經非常重要，也確實奏效。這個部分一直沒日沒夜地值班，但他並沒有意識到自己早就不需要全年無休地值勤了。

我會把這個感到恐懼的部分想像成幼小的自己，輕輕拉著我的手，想引起我的注意。如果你對「內在小孩」類的詞語感覺陌生，你也可以單純把他想像成你自己，畢竟這個幼年版本的你，曾住在現在這個身體裡。

如果你難以想像年幼時的自己，那麼不妨試著將這個角色想像成一隻動物或某個虛構角色。我腦中裡浮現的動物形象是宮崎駿動畫《龍貓》裡的主角龍貓，這個可愛的森林生物有著高聳的耳朵、圓圓的眼睛，還有一個柔軟的肚子。無論內在這個「恐懼」的部分是自己年幼的模樣，還是想像中的角色，你都可以把他想像成是一個獨立的存在，你因此能分辨腦中的念頭不等於你自己，你不過是那個聆聽這些角色說話的人。

某種程度上，內在那個嚴厲的批評者與你站在同一陣線，提供指引和守護、如父母般教育你，並引導你預先防範來自他人的批評。如果你先對自己吹毛求疵，你就能變得「完美」，沒有人能挑你的毛病。你可以把這位批評者想像成一位顧問，一個滿懷關心、日夜不倦地保護你的朋友。你的內在批評者曾對你施加極大壓力，因為他知道什麼言行容易招致批評、引發衝突；他也學會如何跟你交談，以盡可能幫助你避開風險。儘管內在批評者試圖保護你，但這不表示你總是需要保護。許多習於討好的人之所以擁有格外嚴厲的內在批評者，是因為他們的生命曾經沒有空間容納憤怒、悲傷與恐懼等「負面情緒」。這些情緒在沒有機會表達的情況下，只好另尋出口，最後只能轉向內在，化為一把利刃，指向自己，成了嚴厲的自我批評者。

挑戰自我認知

當我們因自尊低落而陷於討好反應時，得到讚美反而會引發焦慮，因為它動搖了我們對「真實」與「熟悉」的認知。

對艾莉來說，討好反應與低自尊的表現，是透過自嘲式的幽默來迴避讚美，並不斷貶低自己。艾莉在空閒時間努力經營自己的平面設計事業，希望有朝一日能辭掉正職，專注於這項熱愛的事。但是當朋友稱讚她的作品，並鼓勵她多多分享時，艾莉卻開起自己的玩笑：「喔，哪有什麼好說嘴的，這只是我做著玩的無聊小副業而已。」

許多討好反應都是為了避免他人不快，甚至讓他們感覺自身優越，藉此換取我們的安全感。對我們來說，讚美像是一種威脅，得趕快轉移話題，讓他們知道你很謙虛、順從：「別對我有戒心，我只是個無足輕重的人。」這正是為什麼討好反應會讓你覺得自己不配擁有那些成就。內在批評者（其實是你的保護者）會告訴你：「你不配獲得任何成就，你得不斷表現出色，才能擁有安全感。」討好，是透過「多做一點」來尋求安全感。一旦你在任何瞬間覺得「我已經表現得夠好」，負責保護你的內在批評者就會慌張起來，因為這表示你可能會停下來，不再努力求好。

對於習慣討好的人來說，由於自尊不足、自我價值感低落，自身的任何成就都可能讓自己覺得沒什麼了不起：「連我都能完成的事，一定沒什麼困難的，也不值得驕傲。」於是我們不斷貶低自己的成就，因為對於一直想靠完美換取安全感的內在批評者來說，成就帶來的不是喜悅，而是鬆了一口氣，彷彿那只是義務，是為了持續證明自己的價值而不得不跨越的另一個關卡。對艾莉來說，別人的稱讚挑戰了她心中「我不配獲得讚美」的深刻信念，才會下意識地將讚美推開。

她總是搶先一步在別人還沒開口前就先否定自己，認為自己不夠好，所以當別人真心認為她值得讚美時，她反而覺得荒謬至極，難以置信。同時，她也對自己無法接納讚美感到懊惱，因為她多麼渴望自己被認真看待、被當成一回事。我們的工作便從辨認這些信念的存在與來源展開，接著慢慢處理潛藏在它們之下的傷痛。當艾莉開始意識到內在的聲音——那些源自父母的話語如何在心裡播下種子，她開始學著卸下這些話語對她的影響力，用新的語言與自己對話，重新撰寫自己的故事。

釋放思考中的恐懼

我曾接觸過許多像艾瑪這樣的個案：她因為對他人產生批評性想法而感到極度羞愧。每當她注意到自己想批評伴侶時，立刻就會感到內疚，並自我攻擊，覺得自己糟糕透頂、是不及格的伴侶，甚至覺得自己應該向伴侶坦承內心有這種想法，儘管這些想法根本是不自覺產生的。「我是不是很糟糕？」她經常捫心自問。

透過練習覺察這些念頭，並允許它們存在，艾瑪逐漸能與之和平相處。她意識到，這些批判性的想法其實是她想對自己說的話。某種程度上，她透過對自己的批評來評價他人。我發現，這種恐懼是被「思考創造現實」或「你的每個細胞都在傾聽你說的話」之類的說法所餵養的。這些說法讓人害怕：要是我擔心發生什麼不好的事，是否反而會真的在現實裡出現？於是，我們變成暴君，一旦有念頭冒出來，就急著把它趕走，深怕它會實現。

我們的思想確實蘊藏巨大的力量，但「專注」才是創造現實的源頭。我們選擇將注意力投向哪裡，就會塑造出怎樣的人生。我們內在會浮現許多念頭，但並非我們刻意選擇的。當我們以恐懼和不知變通的態度來面對它們，只會讓它們發出更大的聲音、產生更深的影響。念頭或想法不是行動，如何運用思維和情緒不但是我們的責任，也是我們所能掌控的。

人類心智本來就多變且難以預料，經常突然給我們猛烈的一擊。太多人總是過度思考，又為自己的念頭感到羞愧。但心智的本質就是思考，不斷反覆，甚至過度。擁有批評他人或負面的想法不代表你有什麼「錯」，也不代表你很「糟」。

我們經常與內在聲音對抗，想藉此控制他們，讓他們閉嘴（我希望這個念頭消失！我要怎麼讓它停下來？），但這麼做只會增加內在的緊繃與焦慮。有趣的是，這些努力到最後只會讓內在聲音像是在跟自己吵架。我們以為，只要拚命對抗，內在聲音就會消失，但他們從來不曾因此停下來。

安撫恐懼的自己

如果內在那個恐懼的部分、那個嚴厲的批評者是年幼時的你，那麼用羞恥與憎恨來對待他，等於是複製一個以自己為範本的迴圈。如果你對恐懼的部分咆哮，希望他消失，他一定會害怕，因為他一直以來都是這樣被對待的。當你希望他消失時，等於是告訴那個恐懼的部分「問題在你身上」，但他不該遭到驅逐，因為他是你的一部分，是極度渴望被愛與接納的存在。如果不去安撫那個內在的聲音，渴望獲得撫慰與保護的需求就永遠得不到滿足。想像你心愛的寵物正覺得害怕，你不會對牠說：「你怎麼了？你不該害怕。快振作起來。」你當然不會這樣做，你會溫柔地靠近牠，伸出手，低聲細語：「怎麼了？你需要什麼？沒事的，你很安全。」那個恐懼的部分——那個總是在討好他人的你——難道不值得這樣溫柔對待嗎？

請用對幼兒說話般的語氣，對自己的內在部分說話。下次當你不小心打破玻璃杯，而內在聲音開始責備你時，請停下來，轉換一下說話的語氣：「沒關係，犯錯很正常，你不需要完美無缺。」下次，也許你能輕聲對恐懼的內在部分說：「沒關係，你很安全。」一開始你可能會覺得這麼做很荒謬，但這正好反映了我們對自我關懷有多陌生。

如果你發現自己很難用這種方式與內在部分對話，那麼創造一位「慈愛他者」（Compassionate Other）會很有幫助，這也正是「慈悲焦點治療」所採取的架構。「慈愛他者」是個充滿同情、睿智、平靜且穩定的存在，能代表你與感到恐懼的內在部分對話並建立連結。這位慈愛他者可以是你最成熟、最完美的自我，也可以是生命中某個讓你覺得安全和安定的人，或是來自電影、書本中的虛構角色，甚至可以是完全出於想像、令你感到安慰的存在。他們比你年長還是年輕？他們的穿著打扮如何？他們的聲線是什麼樣的？他們的長相如何？這個「慈愛他者」永遠不會批評或責怪你，而會始終保持理解、冷靜與關懷。

記住，感到恐懼的內在部分其實肩負著保護者的角色——每個人都需要他，只是並非隨時隨地。你看著自己的內心正在跳著熟悉的舞步。你可以用你希望父母能在成長過程中對待你的方式，對待這個塵封於過去的自己。你可以給予他渴望已久的愛、接納與關懷，這正是療癒之所在。你可以用以下話語安撫自己的內在部分：

．我知道你現在很害怕。沒關係，我就在這裡。
．你現在很安全。我會在你身邊照顧你。
．我知道你又開始胡思亂想。沒關係。謝謝你試著保護我。
．你可以待在這裡。我不會趕你走，你不必再這麼辛苦。

正念的迷思

「靜心時，我內心總是思緒紛亂，焦慮不安。我是不是做錯了什麼？」我第一次參加靜心訓練時，一位學員這樣問。

當時我二十二歲，住在紐約，是十七位學員之一，與其他人一起盤腿坐在排成半圓形的坐墊上。老師停頓了一會兒，認真思考這個問題；我和同學們則急切地等待一個簡潔有力的答案，彷彿這個答案會立刻讓我們紛亂的思緒「咻」的一聲煙消雲散。

「你看見了紛亂的內在，做得很好。」老師回答。

就這樣？

那一刻，我彷彿第一次感覺到自己不需要那麼努力，就能在某件事情上「成功」。過多的討好源於根深蒂固的信念：必須做得更多，才能被愛，才能覺得安全。這個練習讓我如釋重負，卻也同樣令我困惑：這種做法不過是讓我自我感覺良好。

剛開始練習靜心時，我常對自己生氣。每天早上，我會坐在坐墊上，閉上眼睛，吐氣，等待平靜翩然降臨。如果我做「對」了，難道不該從頭到尾都覺得平靜嗎？我以為只要內心仍感到焦慮或思緒紛亂，一定是哪裡做錯了。這其實只是反映出我們認為自己「不該有任何情緒」的想法——我抗拒並排斥自己所有的念頭與感受。

諷刺的是，這種認為靜心「必須感到平靜」的壓力，反倒成了我的痛苦根源。後來我才了解，正念並不是為了「讓自己平靜下來」，而是允許任何正在發生的事自然而然地發生，不去改變它，不去控制它，也不批評它。近來，我有幸參加佛學老師希薇亞．布爾斯坦（Sylvia Boorstein）的禪修營。她描述了正念如何讓她經驗到「完整的情緒起伏」。過去我總以為，正念意味著成為一個無趣、缺少個性的人，但我現在明白，正念帶領我們與自我、內在世界，以及我們所處的外在世界建立更深刻與真誠的連結。

活在當下，不代表你會一直感覺良好。我再說一次：活在當下，不等於感覺良好。

完美主義容易悄悄滲入你的正念練習，讓你把它當成另一堂必須表現出色的課程。我們的心智分不清正念與生活中其他領域的差別，這是再自然不過的。正念沒有對錯之分，它只是一種專注練習，學習覺察當下正在發生的事。當你陷入自我批評的漩渦裡，不要再為此責備自己，只要去覺察那個聲音，把它納入自我觀照就好。

內在的聲音總會找到機會挑剔，總有說不完的批評，總有什麼你需要努力改善的事，好讓你盡可能接近「完美」。但是當你靠近那條完美的終點線時，它卻總是一再後退，讓你永遠達不到。

人們往往以為正念是種逃避現實的方式與手段，但它真正賦予我們的是與現實共處的能力。正念訓練我們以內在的穩定力量，面對現實生活中的一切，而不是轉身逃避。它並不是要讓壓力消失，也不是讓我們誤以為內心深處有個不存在壓力的魔法世界。相反的，我們要改變自己與壓力相處的方式，讓事情不至於比它原來的樣子還困難。正念練習不會改變正在發生的事，但會改變我們與現實相處的能力。

替感受定調

「為情緒命名」是我最喜歡的正念練習之一。當我們為紛亂的念頭與情緒命名，說「這就是正在發生的事情」時，往往能帶來一種解脫感。當我們陷入過度思考時，不一定非得深入拆解每一個念頭，相反的，我們可以覺察「我正在過度思考」，將注意力放在念頭本身與出現的頻率，而不是念頭本身。我們經常想把自己拉進思緒的細節裡，試圖「搞懂它們」。暫時放下這個衝動，試著練習單純地覺察自己剛剛出現了無數個念頭。

查理是一位歷史老師，畢生夢想能成為一位小說家。每到週末，查理會帶著他的電腦，沉浸在自己創造的故事裡。他已經完成了三部小說，卻一直將草稿存在電腦裡。當他向我描述自己創造的故事時，我看見他臉上綻放出光芒。但下一刻，一切突然轉變，他眼中的光芒頓時消失，整張臉垮下來，被一層恐懼的陰影籠罩，迷失在自己的思緒裡。

「你剛剛神遊去哪了？」我問。

「我也不知道。我只覺得自己好蠢。不知道自己憑什麼覺得這會成功，或是我為什麼相信自己真的能成為一名作家。」他低聲說著，「我憑什麼認為自己做得到？」

「聽起來，你現在感覺到強烈的自我懷疑。」我說。

他慢慢抬起頭看著我。「自我懷疑？我想這就是原因吧。你這麼說，聽起來很……正常。」

透過為自己的念頭賦予「自我懷疑」的名字，查理因此覺察到這些只是一些困擾我們的想法，不是事實。當他把這些念頭視為人類普遍的經驗，而且其他創作者也常有相同的感受後，他便不再感到孤單。

佛教有個核心觀念：人們往往會執著於令人愉悅的事物（例如吃巧克力的愉悅），排斥令人不適的事物（例如對人際關係設下界線），對於中性的事物則覺得無感，甚至冷漠（像是「呼吸」這樣的日常，經常受到忽略）。這很合理。我們喜歡讓自己感覺良好和舒適的事物，不喜歡那些讓人不適的感受（很大一部分原因是由於我們對這些感受不熟悉）。我們可以透過這種練習，為內在經驗命名。

在佛教裡，「受」（Vedanā）指的是「替感受定調」，意指為這些內在經驗賦予愉悅、不快或中性的標記。這個簡單的技巧能幫助我們覺察自己的念頭，而不是認同它或受它驅使採取行動。

善待自己

「NICER練習」是一個可以在焦慮驚慌時幫助你的工具，其中包括：覺察（Notice）、邀請（Invite）、好奇（Curiosity）、擁抱（Embrace）、回到當下（Return）。討好反應讓我們習慣陷於反覆思考與執著，「NICER練習」則能培養出比心中念頭更強大的覺察力。

漫長的一週過去，每個諮商時段都排得滿滿的，我的能量早已耗盡，電腦螢幕右上角顯示著「星期五，下午五點三十二分」，我鬆了一口氣。腦中正浮現回家泡個熱水澡的念頭，此時，一個提示音響起，螢幕跳出一則訊息：「我知道有點臨時，但你今晚想一起去聽音樂會嗎？應該很不錯！」朋友傳來訊息，並附上購票連結。

我直覺反應：不會吧，我累到哪裡都去不了。我的身體已經發出抗議。於是我立刻回覆，感謝她的邀請，同時坦白告訴她，我累到不行，今晚只想早點上床睡覺。她也立刻回覆我：「沒問題！星期天見！☺」——我們精心安排了計畫，約好星期天一起用餐，再繞去舊金山的迪揚美術館（De Young Museum）。完美的安排。

幾分鐘過去，我突然感到一陣內疚。念頭紛至沓來：我是不是個很糟糕的朋友？說不定我應該硬著頭皮答應，接受她的邀請。但我當下的反應明明是：「呃……一個夠好的朋友說不定會再撐一下，跟她一起出席音樂會。可是我們星期天已經要見面了，應該沒關係吧？」萬一她以後不再邀我參加這類活動呢？萬一她覺得我是那種只會拒絕邀約的人怎麼辦？萬一她覺得我不喜歡跟她相處怎麼辦？我的思緒紛亂。

我拿起手機，開始打字：「我說不定可以去——」然後我停了下來，為自己按下暫停鍵。兩分鐘前，我對自己的決定如此篤定，現在卻突然改變主意？我是真心想去音樂會，或者我只是無法忍受自己因誠實說出需求而內疚？

我把手機放在伸手搆不著的地方，然後坐了下來。

首先，我**覺察**自己心裡發生了什麼事。**我注意到自己正在過度思考，也感受到罪惡感與焦慮**。接著，我**邀請**這些經驗來到眼前，允許它們存在，不急著修正或改變。我默默對自己說：**「這些感受可以待在這裡，沒關係。」**我注意到，允許這些感受存在的過程中有些許不適，但我也只是覺察這些感受而已。

然後，我帶著**好奇**走近這一切，就像在為自己的身心狀態做田野調查。內在的哪個部分被觸動了？我的感受是什麼？我能不能為這個經驗命名？嗯，這是罪惡感，夾雜著些微焦慮。就是這樣。我感覺自己像是個糟糕的朋友。這些情緒對應到什麼樣的身體感受？胸口有點緊繃，喉嚨像是被勒住。

接著，我**擁抱**這部分的自己，就像用毯子包裹身體。我看到你了，想要保護我的你。謝謝你的幫助。我能容許這樣的感受存在，沒關係，我很安全，沒有問題。最後，我**回到當下**：感受自己的呼吸、房間裡的聲響、腳踩踏在地板的觸感。透過回到當下，感受此時此刻周遭的一切事物，把專注力拉回現在。

我睜開眼，看了一眼時鐘，發現才過了三分鐘，然而我的感受卻已截然不同。焦慮與緊繃感並沒有消失，但我不再被它吞噬。透過允許自己按下暫停鍵，我得以避免在一個失調的狀態中做出反應，最後回到當下。

十年來，每天靜坐練習結束後（儘管我仍在學習），加上多年來在日常生活中運用「NICER練習」的經驗，焦慮對我來說並沒有神奇地消失，但它已經不再像以前那樣掌控我。

焦慮的念頭依舊存在，只是我不再深信它們。

我仍會不時過度思考、不斷反芻、執著不放，但如今我能更快地回到腳踏實地的狀態，也更能原諒自己。那些噪音仍然存在，但大多時候，它們只是背景音，而非主旋律。混亂依然發生，只是我不再把它當成「我」。

回想起十年前自己深陷焦慮的泥淖，變化之巨大，令我震驚不已。現在的我不再帶著「正念練習應該能幫助我消除內在混亂」的期待，也不再給它這樣的壓力。現在我走入正念練習的方式是：來看看此時此刻，看看到底發生了什麼事。

現在你已經了解「NICER練習」的實際應用，接下來，我們來練習一下，當自己陷入過度思考時，如何在日常生活中運用這個方法。

覺察：覺察自己的思緒開始焦慮地打轉。覺察自己迷失在一段想像的對話裡。覺察自己剛剛搭上一列通往最壞情境的單程列車。就這樣，只去注意自己的思緒遊走到那裡。不要因為出現這個念頭而加上自我批評，只要注意自己的內在正在思考。

邀請：邀請令自己焦慮的念頭暫時停留，就像迎接一位老友，允許它的存在。這並不表示你要緊抓著這個念頭不放，而是不再抗拒它，也不急著把它推開。它就在這裡，沒關係。現在出現了這樣的想法或感受，並不代表自己哪裡有問題。這只是正在發生的事，它不會永遠停留。或者，你可以簡單告訴自己：事情就是如此。

好奇：讓好奇心進入內心，觀察自己的身心。不是過度思考，也不是過度理性，而是用一種穩定、客觀的態度來看待。這個念頭是真的嗎？這是什麼情緒？身體現在產生了什麼感覺？這些感覺是令人愉悅、不適，還是中性的？

擁抱：用溫柔與理解擁抱保護你的內在部分——你內在的聲音。大腦的習性常讓我們因一個焦慮的念頭而開始自我批評（我怎麼會這樣？這種感覺到底什麼時候才會消失？）。我們必須學習用更多關懷去面對自己的內在念頭：「謝謝你努力保護我。你有這種感覺沒關係。這很合理。你現在很安全。」

回到當下：回到此時此刻那些真實存在的事物。可以是你呼吸時腹部穩定的起伏、遠方傳來的警笛聲，或是身體裡任何一種感覺。當你溫柔地將注意力轉向當下正在發生的事物，就是在訓練你的心回到當下。

越常進行「NICER練習」，就會變得越來越擅長。這是一個緩慢而細微的過程，你將在其中逐漸培養出覺察的能力，讓你能給自己多一點空間、多一點距離，見證並陪伴自己內在的一切經歷。

？反思提問

一、花一點時間，想像你的內在批評者是什麼模樣？他可能是你年幼時的模樣，或是一個象徵你童年經歷的角色。

二、回想一下，焦慮的念頭是否曾告訴你一個並非真實的故事？那些想法當時是在試圖保護你嗎？如果是，它們想保護你免於發生什麼？

它們只是念頭，不代表真理。
這些念頭不是我——
我是那個覺察它們存在的人。

第 5 章

情緒不是問題所在

允許自己去感受

你沒有惹上麻煩

「我只是……我只是好生氣。」我對男友說。我媽正睡在我們小套房裡的充氣床墊上。我壓低了聲音，深怕吵醒她，而我顫抖的聲音裡混合了憤怒與恐懼。「怎麼又發生這種事？」

為了省錢，我提前從大學畢業，雖然感覺離自我越來越近，卻離父母越來越遙遠。我幾乎每天都會打電話給他們，但總在幾聲鈴響後便轉進語音信箱。這種疏離看似來得突然，但實際上並非如此。情感距離原本就存在，只是在我成年後換了個樣子。我問他們為什麼變得這麼冷淡，得到的卻只是些閃爍其詞的藉口。我不知道到底發生了什麼事，只知道那種感覺糟透了。

「我想去找你。」有一天，電話終於接通，媽媽這樣對我說。「就我一個人。我打算搭火車去找你，跟你一起度週末。」

我欣喜若狂。和母親共同活在世上的這二十二年裡，母女倆極少單獨相處。

這個機會對我而言簡直可遇不可求。從小到大，我從來不曾像朋友那樣，跟自己的媽媽來場母女約會；而我所僅存的少數記憶之一，是我坐在她身邊的沙發上，跟她一起看影集《黃金女郎》，當時我還沒上小學。因此，這趟見面對我意義非凡。我們挑了一個日期，她訂好火車票，我也安排好整個週末的行程。

那天終於來臨，我到賓州車站去接她，站在電扶梯頂端等她出現。當我終於看見她那有些花白的紅色鬈髮沿著電扶梯緩緩露出來時，我幾乎不敢相信自己的眼睛。媽媽真的來看我了。就我們兩個人。我們緊緊擁抱，她的頭剛好落在我的胸口，我接過她的行李，帶著她前往地鐵入口。

「餓了嗎？我們可以先吃午餐——」我轉身，母親已經不見蹤影。我困惑地繞了幾圈，趕緊從口袋掏出手機打電話給她。

「梅格？」鈴聲才響了一聲，媽媽就接起手機。「我迷路了。」

「迷路？媽，你在說什麼？先看看你四周有什麼東西？」我們一邊慌亂地哭喊，一邊交換著訊息，幾分鐘後，我終於找到了她。就在那一刻，我恍然大悟：在那些沒人接我電話的日子裡，媽媽的阿茲海默症一直在惡化。過去幾年，她的狀況雖然越來越嚴重，但由於一家人從未開誠布公地談過此事，我完全不知道她的病情已經惡化到這種程度。

帶著媽媽走到售票機旁，打算幫她買地鐵票時，我才發現她竟然只帶了一張過期的信用卡和一張皺巴巴的二十元紙鈔。回到我的公寓放好行李後，她握住我的手說：「梅格，我好開心能來這裡。」我們一致同意新鮮空氣對身體有好處，於是走到公園，沿著河岸邊散步。我指著遠方的自由女神像給她看，然後決定去轉角買五美元的塔可餅當晚餐。感覺很正常，很好，我心想。

第二天早上，媽媽穿著睡衣在屋子裡來回踱步，嘴裡喃喃自語。「還好嗎？」我走向洗手間時問她。

「嗯，還好，只是……我到這裡之後，就沒收到你爸的消息。」

我的心瞬間沉了下去，馬上就明白了一切，卻又不想去面對。

「我們出去走走吧。」我說。

這不是第一次了。上次她打算來看我時也發生過：爸爸酗酒、酒駕、被抓進警局，需要有人保他出來。走在港邊的石板路上，我們無言以對，只是慢慢走著。我們都知道發生了什麼事，但誰都不敢先開口。她會提前結束旅行，回家照顧那幾隻獨自在家的狗。

「別回去，」我懇求她，「把這趟旅行完成好不好？我們可以請人幫忙照顧狗啊。」

「我知道，梅格。我真的很抱歉，但我得趕回去。」

我幫她重新訂了火車票，隔天送她到賓州車站。在她返家的路上，我每隔三十分鐘就傳一次訊息給她，確認她平安，還請鄰居到家裡陪她，一起想辦法處理眼前的狀況。那也是她最後一次來看我。

母親走後，爸爸開始一天打好幾通電話給我，叫我想辦法保他出去，替他擬定下一步計畫。這就是女兒該做的事，不是嗎？女兒就該撐起一切。儘管我是家裡最小的孩子，卻是唯一的女兒，所以我也是家中的長女。爸說，等這一切結束後，他會更常打電話給我。我相信了，因為我心裡還殘留著一絲希望，相信他說的是實話。他需要我時，我就在他的人生裡；他不需要我時，我就被排除在外。

「你可以生氣。」男友說。「現在我已經明白你遭遇了些什麼。你有權利生氣。」

童年時熟悉的沮喪再次襲來——憤怒被羞愧一層層包裹著。我生氣，會不會代表我是個壞女兒？爸媽不也在受苦？我不該難過。但用羞愧去遮掩憤怒，並不會讓憤怒消失，只會讓情況變得更複雜。於是我對自己說：「我可以生氣。這次我並沒有惹上麻煩。」

青少年時期，甚至在成年初期，我一直害怕自己是個總在生氣的人。但當我開始獨自生活後，我才逐漸看清自己其實並沒有真的那麼容易生氣。令我驚訝的是，大多數時候，我其實是快樂的，是那些環境與情境在我體內引發大量的憤怒。如果感到憤怒就代表我是個「壞女孩」，那就這樣吧。因為我發現，「壞女孩」不過是指願意傾聽自己的感受，並允許它們存在的人；「壞女孩」不過是指誠實面對自己、承認自己的能力與極限。如果這就是我的「罪」，我承認它的存在。

也許，這是我第一次允許自己憤怒，卻不為此感到羞愧。

情緒不分好壞

當我聽到「負面情緒」這個詞時，總會不自覺有些畏縮。我更喜歡稱它們是「不舒服」或「具挑戰性」的情緒。這些情緒可能會伴隨著身體的不適感，但並不代表情緒本身是壞的。

討好反應雖然是一種保護自己的方式，但過度關注他人感受，也會讓我們因此失去與內心世界的連結。如果你一直專注於確保別人開心、在乎他們的情緒反應，你就沒有機會認識自己的情緒世界有多廣闊，並學習與它們共處。

你和自己情緒的關係就像一扇窗，映照出：一、**你的照顧者如何對待他們自己的情緒；二、他們在你成長過程中如何對待你的情緒**。

許多人學會用負面眼光來看待某些情緒，這很正常。倘若過去曾目睹照顧者的情緒失控，我們就會本能地認為：與一個生氣、悲傷、惱怒、焦慮的人相處是不安全的。妥善管理照顧者的情緒，才能換取安全感。

倘若照顧者無法管理或控制自己的情緒，他們就會以自己回應情緒的方式來回應我們的情緒。於是我們學到：當自己感受到憤怒、悲傷或其他情緒時，會讓別人生氣、引發衝突；愛有可能從身邊消失，自己的情緒有可能會被完全忽視。只有當我快樂時，我才能獲得最多的愛與關懷，因此自己必須時時保持快樂，才能感到安全；要是感受到「壞」情緒，就必須壓抑它們。

於是我們從未學會如何與這些不舒服、真實存在且充滿人性的情緒共處。即使內心不安，也會假裝一切沒事，因為我們已經學會，不能給情緒發洩的空間；只要感受到情緒，就代表我們有問題。重新學會與自己的情緒相處、尊重它們、允許它們存在，永遠不嫌晚。

那只是「不舒服」

討好反應是潛意識的努力，是為了保護自我、不去感受那些令人不悅的情緒。當你發現自己在不需要討好的情況下仍繼續討好時，不妨問問自己：我正在試圖保護自己不去面對什麼情緒？一般來說，會是令人不適的情緒。

選擇討好，就不必承受設立界線時可能產生的罪惡感；選擇討好，就可以不用面對坦誠對話時可能浮現的恐懼。因此，療癒的過程，就是在緩慢且安全的環境中，逐漸增加承受不適的能力，並學會辨識它的真實面貌——那只是「不舒服」，你還是可以過得很好。事實上，療癒就是漸漸習慣不適的練習，但人類的本能是抗拒不適，因此我們會試圖掌控情況，以逃避情緒本身。與其問自己：「我要怎麼解決這個問題？」不如改問：「這個情況讓我哪裡覺得不舒服？」

當個案們開始處理深藏於表面下的痛苦時，許多人會說：「我到底做錯了什麼？我感到悲傷、憤怒和恐懼！」

我會告訴他們：「很好，這表示現在你的身體覺得很安全，並允許自己去感覺。更重要的是，你不只能感受，還能辨識出自己當下是什麼感受。」

移除多餘的自我批評

「我到底怎麼了？為什麼我會有這種感覺？」布莉安娜雙手捂住臉，彷彿想把臉頰裡的空氣全部擠出來。「我不該有這種情緒。」

布莉安娜因自己生朋友的氣而憤怒。

「那麼，因為感到憤怒，所以對自己發脾氣，真的能讓憤怒消失嗎？」我問。

「沒有，現在我有雙倍憤怒。」

內心痛苦最主要的根源之一，是依自己所感受到的情緒自我批評（我們多半只會批評那些令人不適的情緒，還真是一點都不意外）。內在聲音會說：「我到底怎麼了？這分感受什麼時候才會消失？我不該這麼想！」這是可以理解的。這個聲音試圖保護我們，讓我們不去感受那些曾讓自己惹上麻煩或失去愛的情緒。內心為了保護我們遠離痛苦，於是希望能控制任何令人不安的情緒，因此導致我們抗拒它們、自我批評，藉此換得「我能控制一切」的假象。

我們的內在會認為：「只要我為了自己生氣而懊悔，並希望這分憤怒消失，我就不會再生氣了。」倘若這套方法真的有效，大家早就都能擁有穩定的情緒了。但事實是，當我們因為某種情緒批評自己時，它並不會因此消失。相反的，現在不但要承受這種情緒，還要加上自我批評、羞愧與憤怒，等於替自己額外加上重擔，而且我們常以這種方式加劇情緒：因憤怒而感到罪惡，因焦慮而感到羞愧。

我們必須允許情緒存在（例如憤怒）——這是「原生情緒」（primary emotion）；加諸其上的質疑（例如「我為什麼會這樣？」、「這種感覺什麼時候才會消失？」），則是「次級情緒」（secondary emotion），是不必要的附加物，只會讓內在背負重擔的時間變得更長。

這層附加的情緒多半是潛意識試圖掩蓋原生情緒而產生的，因為原生情緒往往更為強烈與原始。比方說，憤怒可能是為了保護我們不必直接面對內心深切的悲傷與哀傷。當我們能察覺這一切正在發生，並練習卸下不必要的自我批評，單純允許原生情緒的存在，並相信它終究會過去，就能帶來解脫。

一位跟我感情很好的個案曾告訴我：「我花了好多年想修復自己、控制自己的情緒，但原來最有力量的事，是允許自己感受當下的情緒，任由它存在。」

自我批評不同於自我探詢（self-inquiry）。自問「我為什麼會有這種感覺？我想更深入了解」，與質問自己「我為什麼會這樣？我到底是怎麼了？」完全不同。自我探詢的動機來自於覺察、好奇、不加批評、不急躁；而自我批評的動機源自於控制，是想操控內在的感受，並予以「修正」，是一種自我厭惡。你是否會因為自我批評而不斷自責？請記住，那不過是同一個聲音在自言自語罷了。

凍結的時間

當我們經歷創傷時，不論是單一重大事件，或是長期未被滿足的需求，內在那個年幼的自己會凍結（僵住）在過去，並一直待在我們心裡。貝塞爾・范德寇在《心靈的傷，身體會記住》一書寫道：「過去會以令人隱隱作痛的形式活著。」

當我們經歷創傷時，負責保護自我的內在部分也會一同被凍結在那段時光裡，認為那段過去仍是現在進行式，也會認為我們仍是當時的年紀。即使創傷發生在很久以前，一旦被某些事觸發回憶，內在便會以過去面對壓力時的反應做出回應，因為身體認為那件事仍在持續。

假設你與伴侶有一段很健康的關係。有一天，你們坐在車上，對方有些寡言，你立刻想到：「我一定做錯了什麼事。他在生我的氣。」就在那一刻，你的身體被拉回過去的某段歲月，那時候，沉默確實意味著事情很不對勁。身體就像是進行了一趟時光旅行，回到那段經驗裡，記起了曾有的恐懼、慌亂，以及當時為了讓自己覺得安全而必須做的事（例如安撫對方、執著於找出自己的錯誤，或以其他方式討好）。即使對現在的你來說，「討好」已不再是生存必須的策略，內在年幼的自己仍會「挺身而出」，試圖修補眼前的局面。

換句話說，創傷會將你的情緒反應「凍結」在當年經歷最深刻的年紀。由於當時的你沒有足夠的安全感去處理那段經驗與情緒，被凍結的年幼自我便在潛意識裡主導你的反應與行為。這並不是說你真的被困在那個年齡，而是你重演了當時遭遇的情感創傷。療癒討好反應，意味著當身體以為你仍身處過去時，你選擇留在當下，與此刻真實的自己同在。

將情緒與反應分開

「你所說的『負面情緒』是什麼？我爸總是脾氣火爆，難道這不是負面情緒？」瑞絲問。這是一個合理的提問，卻也源自一個常見的誤解。

重點在於將「情緒」與「對情緒的反應」區分開來。

情緒是一種內在經驗，一種身心狀態，伴隨著特定的念頭與身體感受。以「憤怒」為例，它可能讓身體緊繃，胸口發熱，喉嚨緊縮。憤怒傳遞的正是這樣的訊息：「這件事讓我很不舒服，一定有哪裡不對勁。」至於我們如何回應這個情緒——也就是要表現出何種行為，才是我們能掌控的部分，也是我們必須承擔的責任。

瑞絲還小的時候，只要爸爸一生氣，馬上就會用很暴躁的方式做出反應：大聲咆哮、摔門、把東西扔得滿屋子都是。那是他對憤怒的反應，是他選擇表現出來的行為。

你感受到的情緒是合理的，但不代表你的行為也是。

在情緒與我們對情緒的反應之間有個關鍵：暫停。對於許多處於失調狀態中的人們來說，情緒與反應往往發生得如此迅速且混亂，彷彿一瞬間就完成了，兩者混合在一起。但隨著我們增強覺察，開始觀察內在發生的事情時，就會發現它們其實是兩段截然不同的過程。

首先，當某個觸發點或刺激出現，情緒接著湧現，以及針對情緒的立即反應。我們可以在觸發點之後刻意加入一個小小的「暫停」，讓我們選擇如何「回應」，而不是立刻做出「反應」。這個暫停讓我們有機會肯認自己正在感受的情緒，而不是馬上被它牽著走。在這個停頓裡，我們可以決定：要延續過去的舊模式？還是展開一條新的道路？

潛意識的反應是立即的，是一扇通往過去的窗，映照出慣性的行為模式；「回應」則是出於意識的，是當下做出的選擇。

我們可以選擇停留在熟悉的模式裡，受到潛意識的驅動，也可以有意識地選擇踏入陌生之地，卻享有內在自由。當我們困在討好模式裡，我們會下意識立刻做出反應，因為身體以為我們仍活在過去，所以會從「活命」的角度出發。當我們刻意加入暫停，便能向身體傳遞一個訊息：我們是「安全」的，因為當我們真的陷入危險時，根本沒有暫停的餘裕。

這個練習並不是為了「控制」情緒，而是學習「調節對情緒的反應」，並將這分覺察帶入自身經驗。試圖改變或抹去情緒不會讓它消失，唯有將焦點轉向「如何回應情緒」，才能將控制權交還給自己。

我們依然會受到事件觸發，依然會感到飢餓、過度刺激、情緒翻湧；有時，我們仍不免對情緒做出反應，這是無可避免的，也不需要因此責備自己，因為最重要的不是暫停本身，而是之後的修復——承認自己的反應、對它保持好奇，誠實地負責，並學著在未來更溫柔地安撫自己。這不是一項追求完美的修行，而是一段練習關懷的旅程。

情緒的目的是什麼？

情緒是短暫的訪客，是帶著訊息前來的使者。神經科學家雅克．潘克塞普（Jaak Panksepp）將情緒定義為「祖傳的生存工具」。這些情緒不是你本人，它們只是帶著一些關於你的零碎訊息，前來拜訪你。表示「我很焦慮」時，英語會用「I am anxious」，將自己與情緒緊密纏繞在一起，彷彿整個人就是焦慮的具體呈現。感受到令人感到不悅的情緒時，內心會自動放大它，並說：「這就是我。」只要感受到憤怒，馬上就會變成它的化身。」我們抗拒這些本來就是短暫的、試圖流過內心的情緒，最終卻為了控制它們，反而延長了它們的停留時間。與其把情緒當成應該壓抑的東西，不如問問自己：這個情緒想傳達什麼訊息給我？我現在需要什麼？

情緒的訊息

憤怒：我的價值受到了損害。這件事情並沒有秉公處理。我的需求沒有被看見和滿足。當憤怒一再被迫壓抑，就會化為怨恨。有時，憤怒其實是為了保護我們，讓我們免受其他深層情緒侵襲，例如恐懼、悲傷或哀慟。

恐懼：這件事讓我感受到威脅。我的安全感和穩定感正受到動搖。也許只是因為眼前的一切太陌生，才讓我感到害怕，但說不定我們可以更深入探究一下。

失望：我的期待、假設或信念，與眼前的現實有落差。不論這些期望能否實現，失望都在提醒我：我所經歷的並非我原本希望的。

嫉妒：他們擁有我渴望擁有的東西。這提醒我，內心深處有分尚未被滿足的渴望正在蠢蠢欲動。

內疚：我做錯事了。我感到內疚，因為我的行為違背或偏離了自己的內在價值觀與標準。

羞愧：我好差勁，大錯特錯。內疚與羞愧關係密切，但羞愧更加深層，讓人感受到自己天生就有缺陷、不配為人，導致我們想隱藏自己，甚至退縮逃避。

不要忽視怨恨，它也有話要說

在討好反應的療癒過程中，我最希望你深刻認識的情緒是怨恨。當我們一次又一次忽視憤怒，它便會開始堆積、化膿，啃噬我們的身心。怨恨是一名帶有魔法的信使，幫助我們辨識：現在我是在討好別人（內心感受到怨恨），還是真心付出善意（內在沒有怨恨存在）？

當怨恨浮現，我們首先可以練習覺察它的存在。接著帶著好奇探問：**內心是**

否仍有尚未滿足的需求？我需要表達什麼，好讓對方了解我正在經歷的一切嗎？在了解自我需求這方面，怨恨可說是一項至寶。當你察覺到怨恨時，不妨大肆慶祝，因為這表示你正在傾聽自己，正重新與那個早已斷線的內在建立連結。

不是每種情緒都要有意義

情緒確實承載了訊息，但它們並不總是要表達某種意義。我們的內在會將短暫的感受編織成一個個故事，這正是它的本能。**你感受到的情緒有其道理，但內在根據它所創造的故事，卻不一定是真的。**

艾咪最近覺得自己和交往多年的伴侶有些疏遠，儘管大致上來說，他們的關係一直健康且平衡。兩人最近都工作到很晚，早上出門時，甚至匆忙到連吻別的時間都沒有。回家後，也多半只是靜靜地待在一起，彷彿只是室友。艾咪現在感受到的情緒是孤獨。她腦中浮現這樣的故事：「好吧，這大概表示我們的感情已經完蛋了，說不定應該分手，因為他想必不再愛我。這太可怕。我早知道他遲早會對我失去興趣。狗狗應該歸誰才好？」

她感受到的孤單完全合理，但內在為這分孤單編織出的故事（「這段感情注定失敗，我必然孤獨終老」），卻不一定是真的。她可以將這分情緒視為一項訊息：「我感覺我們之間有點疏離。」這是一個重要的訊號，提醒她與伴侶需要一些高品質的相處時間，在忙碌中刻意為彼此抽出一段不被打擾的時間。這分孤單其實是在說：艾咪渴望親密與連結。

我們所感受到的情緒映照出生命中的無常。關係中的親密感總有起伏，兩人之間時有低潮，這對人類而言是再自然不過的事。現在所經歷的情緒，只是這個週期中的一小段。但如果這種情緒開始反覆出現、形成某種模式，就值得我們深入探詢與留意。即便如此，我們仍能帶著好奇心去觀察這種習慣性情緒，而不必糾結於「它想必代表了什麼重大意義」。

許多人對自己行為與模式的「成因」了然於心，卻難以處理背後的情緒。這正是為什麼身體的練習如此重要。不斷以理性思維分析情緒，其實是一種避免讓自己真正感受情緒的方式。因為這是一種保護機制：如果我們總是在思考、剖析情緒，身體就不必承受痛苦與不適。當我們發現自己被情緒風暴捲入、困在故事裡時，反而是一個邀請，讓我們整個人（主要是頸部以下啦）能回歸該情緒所產生的身體體驗，當然，前提是這對你來說安全且能承受。不是所有感受都需要被解釋或合理化，它可以單純只是種感覺，不需要故事，只需要單純被體驗。

情緒的壽命只有九十秒

令人不適的情緒有股奇異而強大的力量，讓我們相信它們帶來的不適會一直持續下去。回想人生中最難熬的時刻，我曾深信不疑地認為：「這一切永遠不會結束，這就是我未來的人生。」如今當我回想那些時刻，它們卻彷彿只是遙遠而模糊的記憶。

從生理角度來看，情緒的壽命只有九十秒。哈佛大學神經解剖學家吉兒．泰勒解釋道：「當一個人對外在環境產生反應時，身體會經歷一段九十秒的化學反應；在那之後，任何持續性的情緒反應，都取決於我們是否選擇繼續留在那個情緒循環中。」

這並不是說，如果情緒無法在九十秒或更短的時間內從體內釋放出來，我們就應該盡快處理，或強迫它們消失；而是說，當我們盡可能與情緒同在時，這些情緒在本質上會是短暫的。想像情緒就像海浪：當情緒升起，隨之而來的身體感受或不適也會升高；然後情緒就會消退。說不定它很快會再次湧起，但也可能像無波的水面暫時維持平靜。

當我們練習（關鍵字是「練習」）覺察自己的情緒，而不是被情緒周圍的故事困住，我們就會處在一個更穩定、踏實的位置，接收這些情緒可能帶來的訊息。諷刺的是，當我們抗拒自己的情緒，認為它們沒用、沒效率時，反而會讓這些情緒停留得更久；比起原本只讓自己暫停下來，與情緒共處並讓它自然流動時，困在情緒泥淖裡花費的時間反而更長。

痛苦會自然而然把我們捲進其中。提醒自己情緒只是暫時的，並不代表它就會沒那麼令人難受；知道情緒終究會過去，也不一定就能讓當下的經歷變得比較輕鬆。但當我們提醒自己「這種不舒服只是暫時的」，就能為自己打氣：「對，這真的很難受。」允許這分痛苦存在，能提醒自己「我不再是痛苦本身，只是正在經歷它」。

靜靜陪伴情緒？還是陷溺其中？

我的公寓外頭曾進行了一場為期八個月的工程。從早上六點到傍晚六點，推土機、挖土機、手提鑽的聲響此起彼落。我經常走到窗邊，看看工程是否會奇蹟般地結束，然後嘆口氣，搖搖頭，難以置信地想：紐約市的街道居然在大白天施工，真是離譜。我的煩惱合理正常，但我卻讓事情變得更糟。我反覆觀看、尋找那個惱人的聲音，將鼻子貼在玻璃窗上，嘴裡不住抱怨。我拒絕戴上耳機或耳塞，以隔絕刺耳的噪音和令人眩暈的鑽地聲，好像只要我咬牙忍受，這一切就會提前結束。事實上，那些噪音並沒有逼近我，而是我主動走向它。

在「靜靜陪伴情緒」與「陷溺其中」之間，有一道微妙的界線；在「與情緒共處」與「被情緒淹沒」之間，也有細微的差別。就像我對噪音過敏的那段小插曲，關鍵在於是情緒主動找上你，還是你刻意尋找它？你是看著一株嫩芽從土裡冒出來，還是自己不斷挖掘，硬是要從土裡把它挖出來？

當然，有時慢慢挖掘確實是有必要的，比方某些未經處理的情緒正悄悄鑽進潛意識深處的縫隙，這時我們就需要小心翼翼地將它帶到意識表層，讓它顯露出來。沉溺於情緒裡，是指情緒不再活生生地存在於體內，而是變成一齣在腦海中上演的劇碼——我們不再因胸口的灼熱或喉嚨的緊繃具體感受到怒氣，卻困於反覆在腦中播放無數次、想像中的爭吵。

利用靜心練習處理情緒

我們可以運用「NICER練習」來處理情緒，讓意識得以錨定在身體的感受，並將注意力從腦中的故事拉回當下。若能在情緒湧現時穩住自身，就能為自己創造出一個空間，暫停一下，再做出回應，而不是全憑本能反應。長期與自身感受失去連結後，第一步，也是最關鍵的一步，就是單純地承認情緒存在。

覺察情緒正在浮現。這是個重要的日常練習——觀察情緒何時升起，並允許自己說出：「這就是我現在的感受。」

邀請情緒暫時停留，就像歡迎一位老朋友的來訪。你不執著於它，也不抗拒它，只是讓它待在那裡，並不急著趕它走。

對情緒產生**好奇**：我現在的感受是什麼？憤怒？怨恨？恐懼？這種情緒讓身體出現什麼反應？我的身體有什麼感覺？緊繃？灼熱？這種情緒是否給我什麼訊息？比方說一個需要獲得滿足的需求？

擁抱這種情緒。你可以這樣對自己說：「你好啊，憤怒，你可以待在這裡。我現在的感受很合理。感受這一切是安全的。」

然後，**回到當下**實際存在的事物。你是否看見了什麼？你能感受到自己的呼吸嗎？

現在，讓我們面對現實：現實世界裡，我們總是缺少時間靜下心來陪伴自己的情緒。想像你正參加一場線上會議，團隊所有成員都要出席，而你老闆把你昨晚熬夜到凌晨兩點才完成的成果據為己有。你立刻感覺臉上一陣發燙、心跳加快，腦中浮現當場辭職的畫面，甚至幻想自己說出「記住我的名字，你會後悔的！」之類的話，接著撕掉一張紙（其實是空白的），帥氣轉身離線。這時候，如果你能對自己說一句：「等我一下，我覺得我正在生氣，我想先消化一下這個情緒。」然後按下靜音，不去聽老闆說話，轉過頭跟自己的憤怒對話，的確會是一個理想狀態。可惜現實並不總是那麼美好。

在那些身處現實世界、根本沒有五分鐘可以暫停的時刻，你依然能「覺察」自己正在感受什麼，發現內在狀態正在悄悄轉變。

把畫面倒轉回那場線上會議。老闆搶走了你的功勞，你仍得微笑、點頭、保持專業，甚至很快就得解除靜音，繼續參與對話。但在事發的最初的三秒鐘裡，你可以單純地意識到：內在發生了一些改變，即使你還不確定那是什麼。

會議結束後，你或許會有更多空間回顧發生的事，讓自己更深刻地承認憤怒的存在。正念的核心在於接受現實，或許你沒有時間或空間立刻給自己一段安靜的時刻，仍該接受這樣的現實。正念，是在當下的流動中保持彈性，是與外在世界互動的同時，依然與內在世界保持連結。

正念練習可以隨時隨地進行：開車上班的路上，吃著遲來的晚餐時，洗碗的時候。它是關於留意與察覺此時此刻正在發生的事。不論你在做什麼、身在何處，隨時都有練習的機會。即便如此，正念並不代表我們必須時刻保持專注；我們不會，也無法永遠如此。正念，是當我們發現自己陷入思緒、情緒失衡、與自己失去連結、失去安定力量的那一刻，也能溫柔地承認：「我正在經歷這一切。」

為情緒命名

如同第 4 章提過的，這是一種正念技巧，幫助我們在情緒或思緒湧現時，用簡單的詞語溫和地對當下的經驗「命名」。不要分析情緒，只要承認它的存在，而不是急著將它們推開。我常在打坐時這樣做，坐在墊子上，聆聽內心深處那個喋喋不休的微小聲音連珠砲似的說著我還得回覆多少封郵件。這個聲音讓我覺得，我必須立刻結束靜心去回信，否則世界就要毀滅了。我會簡單地賦予心裡這些雜亂的聲音一個名字：「這是躁動」或「這是焦慮」，又或者「這是煩躁」、「這是無聊」、「這是不開心」。

察覺情緒如何變化與起伏跌宕。想像你正看著一盞熔岩燈，儘管密封玻璃瓶裡的蠟滴不斷上下流動，而燈具本身卻始終靜止不動。

? 反思提問

一、你目前與憤怒、悲傷、恐懼等不舒服的情緒關係如何？你通常會如何處理它們？

二、回想最近一次感受到「怨恨」的時刻，你覺得它在告訴你什麼？

我可以感受情緒的存在。
感受它並沒有錯。
我承認自己的情緒，
並允許它們在體內流動。

第 6 章

身心俱疲

討好如何影響身體？

身體都記得

在我意識到之前，身體早就知道我在討好他人。二十出頭的時候，我的喉嚨一直覺得灼熱，時間幾乎長達四年，胃酸不斷湧上食道，再進入喉頭。我並沒有吃什麼會引發胃食道逆流的食物，規律運動，也戒了酒，但吃再多胃藥都沒用。我原本就很焦慮，身體的反應更加深我的焦慮；情緒越緊繃，症狀就越嚴重。

直到我開始察覺出身體的變化，學著放鬆腹部肌肉，深呼吸，把手的力量也鬆開，症狀才逐漸緩解。隨著情緒上開始獲得療癒，身體也跟著痊癒。當我再次感到安全時，身體也會接收到這個訊號。我現在知道，喉嚨的灼熱感源於所有被吞進去、沒說出口的話語，是那股我未曾允許自己感受的怒火；源於無數次用珍貴的言語過度道歉，而不是為自己的需求發聲。累積多年的內在緊繃、對直覺的提醒與低語視而不見，終於讓身體發出抗議。

這輩子大部分的時間裡，我整個人都像是一顆漂浮的頭顱，鬆鬆地與身體連在一起，與頸部以下那藏有訊息、感受與智慧的存在脫節。我活在自己的意識裡，紛亂的思緒成了我的安息之地。直到我開始察覺這個被我忽略的家、我的身體發生了什麼事，我才逐漸明白，它一直在試圖對我說話。

我第一次開始懷疑身心之間是否有某種連結，是高三那年。短短兩個月內，我父親的情緒再一次嚴重崩潰；同時我也發現，交往許久的男友背叛了我。當時，這兩件震撼我的大事並未真正獲得處理。接下來幾個月，我經常站在鏡子前，用手指梳理頭髮，頭髮卻一把一把地掉。我去看了醫生，告訴她：我一直在掉髮。

「喔，我覺得你看起來很好啊！」她說著，想把我打發走。

當我堅持自己的掉髮很嚴重時，她問我最近是否經歷了什麼重大的壓力事件。我停頓了一下，思索著。「應該沒有吧。」我回答。當時的我確實這麼相信。家中沒有人談論正在發生的事，所以我也以為這些事無關緊要；或者說，不該對我有什麼影響。如果承認它對我的影響，就等於承認它的存在。接下來幾個月裡，我掉了將近三分之一的頭髮。

那段期間，我覺得困惑和遭到背叛，彷彿完美主義背棄了我，彷彿我真的哪裡出了問題。於是我開始默默進行自我毀滅以尋求控制感。我嚴格限制每一樣送進嘴巴的食物，逼迫自己跑得比膝蓋所能承受的還多，以為只要不停跑步，內在的平靜就會出現。我認為，只要能控制自己的身體，就能控制那些在體內翻湧的情緒。

當我發現自己在網路上搜尋「一茶匙香草精有多少卡路里？」時，才意識到事情似乎不對勁。我說服自己只是出於好奇，但這其實已經變成一種習慣。與飲食和運動之間的不健康關係讓我彷彿陷入一種幻覺，因為我不斷收到別人對我外表的讚美，所以我以為自己必須繼續維持這一切，但我知道自己其實撐不了多久。諷刺的是，內在批評說我「看起來最好」的時期，正是我內心最掙扎的時候。

大一那年，當我在宿舍裡整理行李的時候，我已經開始修復自己與食物和運動之間的關係。但此時，我轉向從「失控」來獲得控制感。我對喝酒抱著兩極的態度：要不就是滴酒不沾，要不就是喝到不省人事，沒有中間狀態。這種模式似乎很正常，畢竟誰不會在週末喝個爛醉？我仍對食物和運動保持謹慎自律的態度，即使宿醉，早上七點照樣強忍住嘔吐感、跳上滑步機。一切都在我掌控之中，對吧？失去控制，再奪回控制權。我彷彿來回擺盪的鐘擺，直到發生腦震盪事件，才不得不停下來。我戒了酒，也無法每天跑十公里，因為我連走十分鐘的路都會累到需要休息。

我慢下腳步，開始感受到一直潛伏在心裡的焦慮。我的腦震盪確實非常嚴重，花了幾乎一整年才逐漸恢復；接下來的幾年裡，仍在治療過程中反覆遭遇許多挫折。在這段被迫與身體相處的時光，焦慮以不同的樣貌顯現：我開始執著於身體裡每一種微小的感覺，認為自己絕對得了不治之症。這變成一種惡性循環，焦慮引發了身體各種症狀：四肢麻木、手部刺痛、骨頭痠痛。搜尋引擎說，這代表我可能得了腦瘤，必須立刻就醫，於是我在心裡大喊：「天啊，我要死了！」焦慮加劇，症狀也變得更糟，我就這樣被困在心靈的謊言中，無法脫身。

在我十七歲到二十四歲之間，我總覺得自己的身體哪裡「不對勁」。對外界的過度警覺（「他們是不是在生我的氣？」、「我是不是說錯話？」）漸漸深入我的內在：為什麼我的手臂會刺痛？這代表什麼？各種毛病就像遊戲機臺裡的地鼠不斷冒出來。一個問題剛解決，另一個又接踵而至：腸胃不適、慢性肌肉痠痛、緊張型頭痛……這些症狀和對它們的解讀變成了我心裡的執念。我一心想找出自己哪裡「有毛病」，但這些身體症狀所反映的，或許就是我內在的感受：我一定有哪些地方從根本上就出了問題，總覺得這副身軀裡的我需要好好整修一番。

現在我知道，這些症狀大多與壓力和發炎有關，我必須慢慢地找回身心連結，才能治癒它們。或許這些病痛發揮了保護作用，讓我分心、不去直視那些盤踞在身體裡二十多年、令人不安又難以承受的情緒。我終於明白，我的身體不是盛裝痛苦與未處理情緒的棺木，而是一個承載生命的器皿，我必須卸下內心深處的痛苦，給它另一個去處，好讓它離開我的身體，前往別處安息。

接下來那幾年裡，我逐漸改變自己與焦慮思緒、身體及那些在體內盤旋不去的種種感覺之間的關係，從而讓我的注意力得以向外延伸。我放慢了身體的節奏，重新與自己的身體和呼吸連結。我開始留意內在的變化，開始面對那些一直存在卻被我逃避的種種不適。

討好反應讓我們與自己的身體失去連結，生活在一個教導我們與身體對抗的社會也是如此——越瘦越好，越嬌小越好，好讓我們無法擁有足夠的空間去實現自己的潛能。我們被引誘進入一個與身體疏離的世界，好讓那些利用我們的自我厭惡而茁壯的企業能獲取更多利益。當你開始活在自己的身體裡，就是一種對體制的反抗，因為你與身體和諧共處、悉心照顧它，接納它在不同季節、週期與變化裡的樣貌。這代表你不再需要變得更瘦、更年輕、更加不同，才能證明自己有價值；換言之，你現在的模樣就是有價值的。

我曾說過，也願意再說一次：療癒是緩慢而細微的過程。碩士班第一個學期時，我盤腿坐在小套房的廚房地板上，一邊寫論文、一邊和丈夫閒聊著彼此的近況。在一片靜默中，他忽然問道：「對了，你最近感覺如何？我是說身體上的。

我發現你好像很久沒提到身上有哪裡不舒服了。」我從電腦前抬起頭，愣愣地看著他，沉默了一下。「嗯……我最近覺得還不錯。」我回答，語氣中帶著一絲惶恐，深怕一說出口會破壞這樣的狀態。「我想，我已經不太去理會那些事了。」

西方醫學與身心連結

直到今天，西方醫學的治療模式仍預設身心是分離的，視它們為兩個獨立的實體：有專門治療心理的醫師，也有專門治療身體的醫師；即使是身體，內部也存在高度分工：胃痛要看腸胃科，心臟問題則看心臟血管科，他們專注於個別部位，而非整體運作。當然，這樣的分工有時是必要的，但有些時候各部位之間並非完全無涉。然而我們也必須認真看見，壓力與創傷如何深刻影響我們的身體、健康，與下一代的福祉。

根據美國的統計，高達六成至八成的初級醫療（例如社區診所）與壓力有關。近年的研究更指出，未經處理的壓力與自體免疫疾病之間存在關聯，尤其是在女性身上。近八成的自體免疫疾病患者為女性，但許多女性所得到的建議多半只是輕描淡寫的「試著放輕鬆」或「這應該只是焦慮」，很少獲得進一步的指引。儘管基因與荷爾蒙在自體免疫疾病中確實扮演了重要角色，但我們仍必須正視社會心理與情緒層面的影響，以及長期壓抑需求與情感對身體造成的損耗。

二〇一五年發表於醫學期刊《免疫學前線》的一項研究指出，慢性壓力與被壓抑的情緒（尤其是憤怒）會導致免疫系統功能失調，並因壓力荷爾蒙濃度升高而增加罹患自體免疫疾病的風險。毫不意外的，這種因壓力導致的免疫失調在女性身上尤其明顯，對有色人種女性的影響更為顯著。

在西方，身心連結是一個相對較新的研究領域。一九六〇年代，精神科醫師喬治・所羅門（George Solomon）發現，罹患類風濕性關節炎的患者在感到憂鬱時，症狀會變得更加嚴重，於是開始探究情緒如何影響身體的發炎反應，開創了「心理神經免疫學」（psychoneuroimmunology）此一領域。大約在同一時期，哈佛大學的赫伯・班森（Herbert Benson）醫師開始研究靜心對血壓的影響。他是最早將靈性與身心連結引入西方醫學體系的醫師之一，並在一九七五年創造了「放鬆反應」（relaxation response）這個術語。

儘管身心整合的觀點在西方仍屬相對新穎的研究架構，但早在數千年前，例如阿育吠陀與中醫等許多古老的文化與療癒傳統，便已將身心靈視為一體。在東方文化中，尤其是傳統中醫，普遍認為悲傷儲存在肺，肺部因此被視為「悲傷的守護者」。據說，未化解的哀傷與悲痛會擾亂肺功能，進而表現出呼吸短促、疲憊，也更容易感冒與誘發氣喘。在非洲原住民文化中，療癒往往要從與祖靈的深度連結開始，祖先的智慧被視為強大的療癒力量與生命指引之源。

我在這裡所描述的觀點既不新穎，也並非我個人的發現。早在西方展開相關研究之前，東方、原住民與古老的療癒傳統已在實踐這些智慧。

討好令人身心交瘁

討好怎麼可能不讓身體疲於應付？在各種社交場合裡，你會隱藏真正的自己；你的大腦在不必要的時候依然保持過度警戒；你總是耗費大量寶貴的精力過度思考、過度分析、過度付出。

當我們困在討好反應與生存模式中，身體會分泌皮質醇與腎上腺素等壓力荷爾蒙。即使沒有真正的威脅，但身體誤以為獅子近在眼前，於是任勞任怨加班工作，只為確保我們的安全。我們往往不會意識到自己長期處在這種生存模式裡，因為待在這種狀態裡太久，早就成了我們習慣的「正常」；甚至，當別人感覺不到有什麼威脅時，我們還會覺得不可思議。

在情緒與行為層面上，長期處於生存模式會表現為身體上的緊迫感，導致挫折容忍度降低，感覺一切非得馬上完成不可，否則就會有可怕的事情發生。「我得馬上回覆這則訊息！我必須立刻解決這場衝突！」生存模式會讓人陷入持續性的暴躁、易怒、過度反應，即使根本沒在趕時間，卻總覺得自己隨時在趕路。

這種緊迫感，或說處於生存模式，常會讓人覺得非常疲憊。你也許聽過「身體調適負荷」（allostatic load）這個詞，它指的是身體長期暴露在慢性壓力中所累積的負荷。當身體長期承受沉重的壓力，卻很少回到「安全的基準狀態」，將會需要花費更長時間才能感覺恢復。這也是為何週末再怎麼放鬆休息、即使睡滿八小時，依然感到疲憊——因為身體工作過度，需要更多時間、更多睡眠來修復體力。

事實上，我們常常覺得自己難以真正放鬆，因為腦中思緒紛亂，身體躁動不安，也因此陷入極度需要休息，卻無法真正休息的惡性循環。畢竟，要是身體仍以為自己身處險境，怎麼可能安心休息？只要身體還停留在生存模式，就無法真正獲得療癒。

傾聽身體

療癒討好反應的核心練習之一，是以緩慢而安全的方式重新與身體建立連結。我第一次上瑜伽課是在十八歲，那堂課才進行到四分之一，我就捲起瑜伽墊、飛快衝出教室。老師可能以為我尿褲子了，但事實是，我無法承受自己體內湧現的焦慮。那是我人生中第一次練習接觸自己的身體與呼吸，不料卻被緊繃與焦慮壓得喘不過氣。隨著課程進行，我越來越恐慌；當我發現其他人似乎都沉浸在瑜伽的靜心喜悅時，我更加驚慌。走出教室那一刻，我感到無比羞愧，腦中不斷響起一句話，簡直有如反覆誦念的禱詞：「我到底怎麼了？」

現在我已經明白，當時的我累積了太多未曾處理的創傷與痛苦，以至於我完全無法忍受安靜不動。那些我尚未準備好去感受的情緒、尚未準備好去面對的記憶，都在我放慢腳步的瞬間蜂擁而至。從在子宮裡著床開始，到眼前的當下，你所經歷過的一切全都發生在同一具身體裡。你的身體仍牢牢抓住那些尚未處理的傷痛。

創傷研究顯示，我們無法用聰明才智去解決創傷，也無法單靠思考擺脫它。創傷儲存在身體裡，並且一直存在，直到內心真正感受到安全為止。我們無法單憑理性對話來改寫根深蒂固的慣性模式，而是必須透過學習忍受不適、安撫內在受到驚嚇的自己，好讓身體體驗並接受這個事實：我現在很安全。

療癒，來自於向身體證明：我們可以在感到焦慮的同時，依然是安全的；我們可以在感到憤怒的同時，依然是安全的；我們可以在感到不適的同時，依然是安全的。這需要時間學習，也需要時間練習。

對於曾經歷創傷或那些需要與身體切斷連結以保護自己的人來說，「傾聽自己的身體」往往是個令人困惑的建議。如果身體讓我們覺得不適、不安全，該如何傾聽它？如果從來沒人教我們該如何與身體對話，又怎麼會知道如何傾聽？

這也正是為什麼慢慢增加我們對不適的耐受度，在創傷療癒中如此重要。個案剛開始接受治療時，我們不會立刻一頭栽進最令他們感到創傷的記憶裡。我們會慢慢來，先共同建立一個安全的場所，讓記憶在準備好的時候被溫柔迎接。

如果某些回憶太過強烈，我們會選擇暫停。同樣的，若你從未嘗試與身體安靜共處，大概也不會想忍受三十分鐘的靜心，你應該從幾分鐘開始，一點一滴與自己重新建立關係。

我喜歡把這個過程稱為「把腳趾浸入不適裡，然後安然抽身」。當我們以一次一小口的方式去經驗不適感，身體才能真正消化它，因為如果你突然迅速地讓自己暴露在大量的不適中，神經系統會因此受到衝擊，身體也會立刻反應：「看吧？跟自己待在一起果然很危險！這就是為什麼我要討好別人！快帶我回去那些熟悉的生存模式裡！」操之過急，只會讓身體覺得震驚與不安全，並強化「我們的情緒是可怕的，必須避開它」的固有信念。

承認壓力，就能減輕傷害

如同先前提到的，身體無法分辨「想像」與「實際發生」的經驗有何不同，因為它在兩種情況下所分泌的壓力荷爾蒙幾乎是一樣的。所以，當你癱坐在沙發上、心神恍惚地想像著最糟的情境——例如因為老闆在即時通訊軟體傳來的訊息是「好」而不是「很好」，於是你開始想像自己將被解雇時，身體會以為你真的被炒魷魚了。真是讓人筋疲力盡。

然而，研究顯示：我們對壓力的「感知」會對健康產生顯著影響。在一些研究中，那些認為壓力有益的人，長期下來所承受的健康損害較少；換句話說，當我們能察覺自己正在經歷壓力、將它視為一個試圖保護我們的一股力量，而不是在壓力上再加一層壓力，它對身體造成的負擔就會減輕許多。

吸氣，吐氣

當我們處於生存模式、陷入討好反應時，呼吸往往會變得短淺：吸入的氧氣不多，胸膛並未隨著每一次呼吸起伏。回想我們剛從子宮降生的那一刻：甜美柔軟的新生兒自然地以肺部下方的橫膈膜呼吸。這是最與生俱來、最有效率的呼吸方式。當我們感覺安全和放鬆時，就會進行這種呼吸，但對於那些被困在壓力反應中的人們來說，呼吸會變得短、淺、急促，並對身體產生深遠的影響。

在壓力之下，不論是攸關生死的場景（例如在大街上被人追趕），還是那些看似沒那麼危及性命，但依然令人心跳加速的情境（例如面對五十張陌生面孔進行簡報，或是本來想把與暗戀對象的對話截圖傳給閨密，卻誤傳給暗戀對象本人……不，當然不是我），呼吸都會變得短淺紊亂，這是身體正常的反應。心跳加快、手心冒汗、肌肉緊繃，這些都是交感神經系統啟動時的生理反應，是身體在高壓時刻所經歷的狀態。

等到緊張的那一刻過去：你成功完成了簡報、及時撤回誤傳的截圖，威脅解除，回到了平常「還過得去」的狀態。但對許多人而言，交感神經系統仍繼續活躍，讓我們長期處在淺短而紊亂的呼吸循環中。或許我們並非處在極度緊繃的狀態，好比在街頭狂奔，但呼吸仍沒有達到應有的深度。我們的身體默默地習慣了警戒的存在，彷彿危機隨時會再度降臨。

過去數十年來的研究顯示，完整、深層的橫膈膜呼吸與副交感神經系統的反應有密切關聯。當身體感到安全、沒有威脅、放鬆時，就會進入這種狀態，而在這個過程中，最重要的角色之一是迷走神經——它是一條非常長的腦神經，從大腦一路延伸到大腸。因此，覺得不安全時，身體就無法進行深層呼吸，但我們也可以反過來，透過呼吸向身體傳遞「我們很安全」的訊息。當我們進行緩慢、深度的橫膈膜呼吸時，就能活化迷走神經，進而促使副交感神經系統開始運作。這時，身體會知道「此刻很安全」，並能獲得足夠的引導，專注於維持生命平衡的核心功能，例如荷爾蒙調節、良好的消化作用等。相反的，當我們卡在生存模式、無法深呼吸時，身體就沒有足夠能量去處理這些維持系統穩定的生理機能。

呼吸深度長期不足會導致許多問題，例如肌肉緊繃、消化不良、睡眠品質不佳、荷爾蒙失衡、主要器官血流量減少、免疫系統失調等。當細胞無法獲得足夠的氧氣，消化食物的能力就會下降，導致各器官變得極度疲憊。當我們處於生存模式，身體就無法以應有的方式進行自我療癒、修復與重整的工作。它無法在風暴中穩定自身，只能持續消耗本該用來滋養生命的能量。

二〇〇九年，哥倫比亞大學研究人員在一篇研究報告中指出，緩慢而深層的呼吸能有效降低壓力，無論是創傷後壓力症候群患者，或是需要面對日常壓力的健康人群，都具有明顯成效。研究顯示，這種減壓的效果不僅立即見效，從長遠來看，深度呼吸甚至能降低體內的皮質醇（壓力荷爾蒙）水準。呼吸，是我們內建的神奇工具，是療癒的天然支援。它不需要花錢，不受時間與空間的限制，只要還活著，它就會一直伴隨在我們身邊。當身體仍困在過去的陰影中，專注於呼吸能讓我們回到當下。它是我們與身體對話的橋梁，是向自己傳達「我很平靜，很安全」最直接的話語。

讓我們一起試試看：吸氣四拍，吐氣六拍，重複三到五次。

對壓力上癮

長期處在生存模式也會干擾大腦的運作。當交感神經系統持續處於活躍狀態（提醒一下：當身體認為有威脅時，就會進入這種狀態），大腦很難將注意力放在其他事情上，只會專注於尋找即將來臨的危險，就算像是朋友聚會這樣本該讓人覺得輕鬆愉快的場合，也有可能立刻把你的精力耗個精光，因為我們會不自覺地過度關注他人的情緒、臉部表情，以及對我們的看法。不光是處理日常瑣事，就連做出一個小小的決定，這種範圍狹隘但高度集中的專注都很容易讓我們變得不知所措，因為大腦會耗費大量精力來辨識與排除潛在威脅。

要打破壓力循環非常困難，因為身體會不自覺地對壓力上癮。在高壓狀態下，大腦會釋放多巴胺，啟動獎賞中樞。由於大腦的職責就是保護我們免於危險，因此它會想：「真讚，我得到了一個獎勵！這是正向回饋！我得繼續保持在壓力狀態！」這就是為什麼我們經常追求那些「不利己」的事（例如高壓工作、有毒關係等），因為我們的身體只熟悉這種程度的壓力，所以渴望一再經歷它。就像第 2 章曾提過的，對身體來說，熟悉就等於安全。

身體會自然對壓力做出反應，無論壓力是真實的、記憶中的，或只是被感知到的，都會導致身體變得緊繃；而這種反應又會讓壓力與緊繃感互相糾纏，陷入負面循環。這個過程大致是這樣的：

步驟一：發生壓力事件，可能來自內部，也可能來自外部，比方說一段焦慮的思緒，或是某人的言行讓你感覺不安全（不論實際上是否真的處於危險中）。

步驟二：身體開始感到緊繃。

步驟三：緊繃的肌肉向身體發出訊息：「有壞事正在發生！壓力真大！」

步驟四：緊繃的肌肉進一步引發更多焦慮，使肌肉更加緊繃、感受到更多恐慌，壓力與緊繃的循環就這樣不斷延續下去。

內心緊張時，身體也會跟著緊繃；身體感到緊繃時，內心也會隨之緊張。只要我們覺察到自己正在緊張、感受到壓力，就可以立刻在這個連鎖反應裡插入一個「暫停」，讓身體慢慢放鬆。意識到壓力的存在，是打破這個循環的第一步；不過即使察覺到了，壓力和緊張仍有可能持續存在。但沒關係。光是有所覺察，就是在進行一項新的嘗試。請記住，目標不在於「消除」那些具有挑戰性的情緒，而是更深入地覺察它們，改變彼此之間的關係。

創傷是個時空旅人

身體承載的創傷不只屬於我們自己。在身體、情感與靈性層面上，我們同時背負著父母、祖父母，甚至更早的世代所遺留下來未被療癒的傷口、未被滿足的需求與未被處理的創傷。這就是「代際創傷」。

有關代際創傷的驚人研究顯示，納粹大屠殺倖存者的成年子女（請注意：不是倖存者本人，而是他們的孩子）體內的某個基因標記顯示，他們的皮質醇水準低於父母未經歷大屠殺的猶太成年人。當我們在評估創傷後壓力症候群時，低皮質醇水準是個強而有力的指標。儘管低皮質醇水準與創傷後壓力症候群的發生看似違反直覺，然而這其實是對慢性壓力（包括代際創傷在內）的適應性反應。長期暴露在壓力下，會導致「下視丘—腦下垂體—腎上腺軸」（HPA軸）失調，而HPA軸的作用在於調節身體對壓力的反應。HPA軸失調，會削弱皮質醇的反應機制，進而隨著時間降低身體的皮質醇基準值。換言之，體內所攜帶的創傷不只與自己曾經歷的事情有關，還來自前人所遭遇的悲劇、壓迫和邊緣化事件。

創傷心理學家瑪麗．布奎（Mariel Buqué）指出，代際創傷的傳遞方式有兩種：第一種是生物性的，透過遺傳自父母的基因表達。如果父母其中一方曾經歷未處理或未面對的創傷，這些創傷就有可能改變他們傳遞給孩子的基因密碼。第二種傳遞方式（也是更明顯的一種）是心理性的，包括行為模式、教養方式、忽視模式和迴避衝突等。

雖然西方世界才剛開始認識到代際創傷的影響，但早在現代醫學知道怎麼以語言與研究來描述與理解前，古老文明就已明白創傷如何經由世代傳遞。加拿大梅蒂族／克里族（Métis/Cree）原住民長老暨整合療癒治療師凱莉．摩爾（Kerrie Moore）表示：「長者們總是說：『我們今天所做的一切，將影響接下來的七代人。』」她指出，「祖先在七代之前所遭遇的重複性創傷，會代代相傳到我們的孩子身上。」

研究人員發現，不同族裔的創傷經驗有很大的差異。針對白人、黑人、拉丁裔與亞裔族群的研究中，黑人族群的創傷後壓力症候群發生率最高。在黑人社群中，創傷的普遍性來自於體制性的壓迫與有系統的歧視。代際創傷研究揭示了人們如何在時間與空間中持續承受結構性、制度性與人際間種族歧視的影響。表觀遺傳學（epigenetics，即研究行為與環境如何改變我們基因表現的科學）指出，一個世代所經歷的創傷或威脅，會啟動或關閉某些基因的表現，這些改變隨後會透過DNA傳遞給下一代。這些創傷可能是單一重大事件，也可能是廣泛存在於壓迫性體制中的文化性創傷。

壓力可以啟動或關閉某些基因，而這些改變會透過DNA傳遞給下一代，療癒也是如此，我們的療癒也能穿越基因而延續。療癒自身的創傷永遠是可能的。當我們這麼做的時候，表示我們正在打破代代相傳的創傷循環。

痛苦會穿越一整個家族，直到有人勇於面對它。

代際創傷背後蘊藏著一種深刻且神祕的力量：即使我們尚未出生、尚未擁有意識，甚至沒有人能告訴我們當時發生了什麼事，創傷仍會對我們的身體與神經系統產生深遠的影響。代際創傷並不總是能輕易地指認出來（像是「喔！這就是發生在我身上的事」），裡頭有悲傷，也有屈服。如果我們沒有記憶可循，就無法理性看待創傷。我們不一定能完全了解當初發生了什麼事；事實上，也不需要全然知曉，就能展開療癒之旅。我們可以運用當下的經驗去感受年幼時的自己或我們的祖先曾走過的風暴。

變得柔軟，變得緩慢

在療癒的過程中，你會發現「重複」的重要。我們每天都有機會練習與自己重新連結。也許，正在此刻，當你在閱讀這段文字時，你可以放鬆你的腹部或是稍微讓肩膀放下，鬆開喉嚨裡那一抹不易察覺的緊繃。

我們生活在一個不停催促人們前進的世界，節奏急促，從不停歇。這樣的節奏有時是必要且無可避免的，像是專案的截止期限迫在眉睫，或是月初得交房租。但更多時候，這種急迫感不僅沒有必要，甚至無益。我們將這種急促的感覺帶入人際關係，哪怕不必如此：例如就算不想，也覺得自己必須立刻回覆訊息或接聽來電。我們也將急促帶入日常瑣事裡，比方吃飯狼吞虎嚥，彷彿有這餐，沒那餐。諷刺的是，這種急迫感經常壓垮身心，反倒讓我們什麼都做不了。我們陷於內心癱瘓，連最微不足道的事情都難以執行，變成惡性循環。

處於生存模式時，緊迫感會讓我們相信，為了讓自己好過一點，我們需要更努力、更聰明地思考、做更多的事。事實上，只有用「放慢腳步」來回應這分緊迫，才能開啟真正的自我調節。倘若能專注於放慢腳步，反而有助於提升效能與效率，因為唯有當身體覺得安全，才有辦法專注。想要「加快速度」，就得先「放慢腳步」。

做法很簡單。摒棄那些「應該怎麼做」的雜音，先慢下來，傾聽自己真正的需求。

威爾的童年創傷一直未曾處理，導致他深陷生存模式之中。他成長於一個充滿批評、過度重視成就的家庭，學會了只有做得更多、更快，才能達成目標。在剛開始的幾次諮商中，強烈的緊迫感加劇了他想盡快「修復」自己的壓力。透過治療，我們一層層剝開緊迫的外衣，發現底下隱藏著「必須完美」的信念。但要是威爾承認自己正在復原，他就會覺得自己有缺陷——意味著他不夠完美。這種矛盾對一心求生存的他而言，是無法忍受的，因為在成長過程中，他只有在表現完美時才能得到愛。

威爾焦慮時，他會在住家附近散步，接著因為感覺沒有完全好轉而對自己生氣。他會在YouTube上看一支十分鐘的影片，練習呼吸，卻因為難以專注而感到羞愧。他心想，如果自己夠「完美」，看完那支影片應該就夠了。因此，整個諮商過程裡，有很大一部分是協助他釋放為了療癒而加諸在自己身上的壓力。

「如果這些練習能讓你感覺好過一點點？」我說。

他停頓了一下，肩膀微微放鬆了些。「嗯，這樣感覺更容易做到。」

當威爾慢慢鬆動「日常的微小練習必須帶來巨大改變」的信念時，他開始能更輕鬆地享受它們帶來的好處，而不再覺得自己總是失敗。複雜性創傷會在無數的微小時刻中逐漸累積，療癒也是如此。正如創傷點滴堆疊而成，身體的調節也同樣發生在這些微小的時刻。打電話前，你抽出五分鐘，安靜地與自己的呼吸同在，而不是滑手機，身體就會獲得調節。當你在一天裡抽出幾分鐘時間靜心，而不是強迫自己一口氣忍受二十分鐘的極度不適，身體就會獲得調節。請記住，我們要做的是讓自己稍稍碰觸那分不適，並能安然退回來。

穩定練習

以下是一些你可以隨時在日常生活中進行的穩定練習。其中有些練習可能會讓你覺得「我早就聽過了」，但這是因為它們真的有效。人類習慣把療癒複雜化，但好消息是，最有影響力的療癒，往往發生在我們專注於讓身體回到穩定的狀態：

延長吐氣時間。讓吐氣比吸氣更長（例如吸氣四拍，吐氣六拍）。這能刺激迷走神經，活化副交感神經，讓身體放鬆。

觀察環境一到五。環顧四周，說出五樣你能見到的東西、四樣你能觸摸得到的東西、三種你能聽見的聲音、兩種你能聞到的氣味，以及一種你能嘗到的味道。

偵查練習。環顧四周，留意所有綠色（或任何顏色）的東西，或者注意那些看起來光滑／凹凸不平／正在移動的物體。這是一種幫助你專注於眼前事物的簡單方法。你也可以將動作融入這個練習，進行一次「色彩散步」：選擇一種顏色為主題，然後在散步時尋找它，你會發現大腦辨識顏色的速度有多快。當思緒喋喋不休的時候，這是一個簡單卻有效的方式，幫助你回到當下。

低吟。閉上嘴巴，放鬆下巴。鼻子吸氣，鼻子吐氣，並讓聲帶發出聲音。這時會產生柔和的低鳴，而這種振動能刺激迷走神經。唱歌或誦念也有同樣的效果，因為喉頭，也就是聲帶所在的位置，與迷走神經相連。

親近大自然。這句話聽起來幾乎像老生常談，因為許多研究證實，沉浸在大自然裡有穩定身心的效果。事實上，我們根本不需要研究來證明，我們能確實感受到身體本來就是自然的一部分，當我們走進自然，其實就是返回自身。請用對你來說可行的方式親近自然。當我住在紐約市時，我會在當地的公園找一小塊草地躺下，並透過觀察月亮的陰晴圓缺維持與自然的連結。

把手放在緊繃的部位。研究一再顯示，觸摸對減輕壓力非常有效，自我撫摸也能帶來這種效果。當你覺得胸口緊繃時，把手放在胸前；當你覺得喉嚨緊張時，就把手掌輕放在喉部。然後深呼吸。

雙側刺激。「雙側刺激」聽起來有點高深莫測，意思是同時刺激大腦左右兩邊，有助於讓神經系統平穩下來。我們可以用許多方式來做到這一點，最簡單方式是輕拍。雙手交叉放在胸前，分別搭在兩側的肩膀上，然後交替輕拍：左、右、左、右。

想像自己感到安全的時刻。正如我們現在所知道的，當我們想像最糟糕的情境時，身體其實分不清那是想像還是真實經歷。但這個原理同樣能用來安撫自己。回想一個你覺得安全的時刻：當時你身在何處？有什麼感覺？身邊有誰？如果你無法記起這樣的時刻，那麼你能否想像一個地方或某個時間點，讓你感覺安全、溫暖、安慰？

腿靠牆式。這是一個瑜伽體位，以逆轉身體能量的流動、安撫神經系統而聞名。躺在地板上，臀部盡量貼近牆壁，然後抬起雙腿、靠在牆上，身體則舒適地平躺著。把雙腿靠上牆壁後，可以再看看能否讓臀部更靠牆。

讓情緒流過。情緒本身帶有能量，渴望在我們體內流動。尤其是憤怒或焦慮這類強烈、暴躁的情緒。我們可以透過「舒適地移動身體」（例如快走），讓滯留的情緒鬆動。

抖開壓力。動物在經歷壓力事件後，會本能地抖動身體，藉此重置神經系統。但人類經常壓抑這種自然的反應，導致創傷積存在體內。透過有意識地抖動身體，我們可以釋放部分積存的能量，幫助身體回到安全的狀態。找個讓自己覺得安心的空間，開始抖動身體：跳一跳、動動嘴唇、讓四肢自由擺動。

盡情舞動。舞蹈是一種結合動作與呼吸的強大練習。當你隨著一首能讓你全心投入的歌曲翩翩起舞時，就很難繼續沉浸在思緒裡。

推牆練習。這是我最喜歡用來釋放憤怒的方式。面對牆壁，雙手放在牆上，用力推。做這個動作時，請感受自己的力量。吐氣，把情緒吐出來，並在心中提醒自己：「這分憤怒被允許存在。」

緩慢伸展。點根蠟燭，做幾個深呼吸，然後進行一些溫和的伸展動作，讓自己以緩慢而柔和的方式伸展。

感謝自己的身體

當我深陷焦慮時，一位治療師幫助我練習培養更多對身體的關懷。當我發現自己過度專注於某個我不喜歡的身體部位時，我會先覺察那分負面情緒，允許它存在，然後練習感謝那個部位為我所做的一切：「謝謝你，胃，讓我能順利消化美味的食物，讓身體能從食物中汲取能量。謝謝你，雙臂，陪我跳舞，讓我擁抱我所愛的人與動物。謝謝你，雙腿，輕鬆地承載我走過人生，帶我從這一處到另一處，讓我能活動身體、漫步在森林裡，還有把菜提上三樓的公寓。」

每一分每一秒，我們的身體不知疲倦地運作，只為讓我們能夠存活。當我們有意識地選擇不再與身體對抗，而是與它們合作，感謝它們、理解它們、關注它們，並悉心照顧它們，便是回歸自我的親密之舉。

？反思提問

一、你與身體的關係如何？它能讓你覺得自己處在安全場所嗎？

二、閉上眼睛，試著感受體內一、兩個細微的感覺，並試著描述它。

我充分地深呼吸。
當我的思緒飄向過去或未來，
呼吸就是將我帶回當下的錨。

第 7 章

不是針對你

以及其他令人恐懼
卻又覺得解脫的真相

都是我的錯

「我覺得他對我說的話不感興趣，我怕他覺得我是個無趣的人，所以我就一直……說個不停！完全停不下來！真是糟透了。」安妮描述她參加一場喬遷派對的情景，當時她站在點心桌旁，開始跟一名個子很高但沒什麼耐性的男子攀談。

「你心裡浮現了什麼感受？」我問她。

「喔，沒什麼。只是覺得我注定孤老一生，沒有人會愛我。」她回答。

我們一起安靜下來，放慢腳步。

「或許，我們可以試著接受這個可能性：他的冷淡，不是證明你不值得被愛，而是證明他不是那個對的人。如果他真的是適合你的人，你就不需要這麼費力去證明你值得被愛。」

她深吸一口氣，然後緩緩吐出，靜靜思考。

「我一直在想你上次說的話。」她說。「你說我為了怕被拒絕，所以過度自我解釋、過度分享，這是一種想被聽見的努力，就像在說：『這就是我的一切，如果你不喜歡，現在就說清楚。』因為我小時候常覺得沒有人聽見我說話。」

「繼續說下去。」我鼓勵她。

「嗯，我想我這樣詮釋他的反應，是因為我害怕自己真的不夠可愛，也真的不值得被愛。」她停頓了一下，「該死，我還以為我已經療癒了這部分。」

許多習慣討好的人，從小就養成了為了自身安全而把事情看得很重的習慣。我們學會依賴外在的肯定，好告訴自己「我現在是安全的、是被愛的」。一旦這分肯定消失，我們就會覺得自己毫無價值，進而更渴望得到更多認可。我們把他人的壞情緒內化成「我有問題」的證據，將自責當成理解批評、忽視或混亂的有效因應方式。無論在家庭系統或整個社會裡，這種敏感度對於保持警戒、適應周遭環境至關重要。換句話說，不把事情放在心上，反而會讓人覺得沒有安全感，因為在得到正面回饋前，我們必須提高警覺，任何中性或負面的訊息，都是一種絕對不容忽視的威脅。

一扇通往傷口的窗

我們傾向將許多事情放在心上，並非為了責備自己，而是當成一扇通往內心最深處痛苦與恐懼的窗口，讓我們了解內心豐富的訊息，並窺見內在有個部分，正渴望獲得撫慰與擁抱。

就像許多慣於討好的人，米凱拉害怕被當成差勁的人、騙子，更害怕因此被人「識破」自己的假面。因此，她花費大量精力以維持一個完美的形象，藉此保護自己，不被他人看見她心中認定的「真實」自我：一個虛假、不值得被愛的人。正因為這道傷口，每當有人說了什麼話、讓她感覺自己並非百分之百完美時，她就會非常在意，並陷入自我懷疑，認為對方已看穿了她的祕密：她的確是個表現不佳、糟糕的人。只要在工作上犯了個小錯，她立刻就會認為同事們已發現她根本無法勝任這份工作。要是在朋友面前講了一個笑話，卻沒人捧場，她就會開始擔心他們認為她是個很不會說話的人。於是她覺得自己必須「修正」別人對她的觀感，努力證明自己確實完美，才能再次感到安全。

可以想見，對米凱拉來說，「完美」曾是她成長過程中的求生機制，因此對她的身體而言，只要偏離那個完美形象，便會引發內在的深層恐懼。諮商的過程中，有很大一部分是將她的敘事從「別人會怎麼看我、怎麼想我」，轉移到她內在那道沒有癒合的傷口。與其耗費心力責備自己無法保持完美，米凱拉開始練習安撫深怕自己不夠完美的那個部分。

不把事情放在心上，不代表我們固執己見，也不代表自己完全沒錯（我如此完美，不需要任何改變）。我們仍能承認某種模式或行為讓自己感覺不舒服，並嘗試改變它，卻不會因此痛恨自己。我們可以努力成為那個令自己感到驕傲的版本，但不必貶抑或羞辱某些部分。我們不妨這樣問自己：「這次事件觸發了我內在的哪個部分？這個部分需要的是什麼？」

從另一個角度來看，我們也可以留意那些曾讓自己耿耿於懷、如今卻已能釋懷的事，藉此衡量自己在這段療癒旅程上走了多遠。我曾非常在意父親的反應與情感上的缺席，心裡總想：「他對我的生活沒興趣，因為我不值得被愛、不配擁有親密的關係。」現在，我知道自己有許多部分已獲得療癒，因為我接受了這種距離感，也不再那麼渴望為了證明自己的價值而「修補」這段關係。我的信念已經轉變成：「我們之間的『親密』就是這樣。」我不再視它為我個人的問題——因為事實就是如此。這樣的觀點轉變不一定能改變關係本身，但改變了我的心態：更多接納，更有能力往後退一步，不再費力地想說服他人改變看法。

生命的三種特性

佛教中的「三法印」：無常、無我與苦，描繪了人類存在的實相。佛教導師露絲．金（Ruth King）將這三種生命的特性解讀為：**無關個人，無關永恆，沒有什麼是完美的**。

不是所有的事都干我的事

「別放在心上」有時聽起來像是惱人的建議，彷彿在說「別胡思亂想」。但大腦總是試圖理解萬事萬物、分類或加以簡化。我們常把自己遇到的事件、互動和問題內化，並放大自己在其中所扮演的角色。這種現象是一種認知扭曲，稱為「個人化」（personalization），意思是即使與事件關聯不大，甚至毫無關係，我們仍為此事責怪自己。

我們經常高估自己對某些事情的責任，尤其是負面事件（這種信念來自腦中一個專注於生存的內在部分，他試圖為所有可能的結果做好準備）。於是，我們最終會認為，周遭的一切都與我們有關——至少在潛意識層面是如此。

提醒自己「不是所有的事都干我的事」是一項極具挑戰性的練習。這不表示我們不能感到受傷或沮喪，只是需要提醒自己放慢腳步，退一步思考，以免陷入慣常的自我指責。內心覺得受傷時，你有權感受那分情緒，情緒本身也是真實且合理的，因為你是一個人，不是麻木不仁的行屍走肉。這項練習的核心不在於壓抑情緒，而是不要馬上相信情緒所引發的聯想。你可以被情緒刺痛，但不必因為覺得受傷或沮喪，再額外增添對自己的責備與厭惡。

另一方面，放下無止境的自我責備，並不意味著逃避任何責任，也不代表做錯事時可以不認賬、不負責任。我們可以坦率地承認自己還有進步的空間，或有某些特質需要調整，但不必因此為自我價值編織出什麼偉大的故事。我們可以努力提升自我安撫與調節情緒的能力，但不必把這當成「我是全世界最糟糕的人」的證據，或覺得自己的存在本身就是一種錯誤。

他們根本沒那麼在意你

人們並沒有你想像中那麼在意你。康乃爾大學的研究人員提出了一個名為「聚光燈效應」的概念，說明人們往往高估別人對自己的關注程度。在這項研究裡，受試者必須在公共場所穿著令人尷尬的T恤，然後估計有多少人注意並記住他們的穿著。結果顯示，所有受試者都高估了注意自己穿著的人數。換句話說，人們並不像你以為的那樣注意你，更不可能像你一樣，清楚記得那些你認為的尷尬時刻。同樣的，我們也往往高估他人看穿我們想法與情緒的程度，這是一種名為「透明度錯覺」（illusion of transparency）的認知偏誤。

每個在街上與我擦肩而過的人，都有自己的抱負、煩惱、朋友、暗戀對象、喜歡的食物和讓他們抓狂的小毛病。雖然我活在自己的身體裡，用自己的雙眼看世界，並自覺是人生中的主角，但我可能只會在別人的人生中短暫閃現片刻，如同背景裡的路人甲，牽著一隻狗走過，或是駕駛一輛從他們的車窗外呼嘯而過的車。這感覺很奇妙，也很令人欣慰。

身為人類，我們習慣把自己視為世界的中心。這無所謂好壞，而是我們運作的方式。我們不必拋棄人性的這一面，只需要學會覺察它、與之共處，而非對抗。當我們能從紛雜的念頭中抽離，並提醒自己「每個人其實都困在自己的小宇宙裡」時，就不會再那麼在意別人如何看待我們。

你無法控制別人對你的看法

我懷著既痛苦又釋然的心情告訴你：你無法控制別人對你的看法。即使你費盡心思，極力塑造自己在他人眼中的模樣，對方終究還是會透過他們內在世界的濾鏡來看你。當你不斷試圖操控他人對你的感受，你也在不知不覺中失去了某些珍貴的東西：自我意識、寶貴的能量、內心的平靜。即使你「完美」地針對不同對象量身打造自己在他們面前展現的樣貌，仍無法左右他們對你的看法；你誤以為「討好」能控制別人看待你的方式，但這其實是一種虛假的控制感，這件事從頭到尾都不在你的掌握範圍內。你可以選擇接受他人的批評、誤解，或擁有你不認同的看法，沒關係的。

他們喜歡我嗎？

當你逐漸療癒自己的討好反應時，可能會有些人不再喜歡你，但這不表示所有人都討厭你。這句話的意思是，你開始清楚知道什麼樣的人值得你花時間相處：你會知道哪些人讓你充滿能量，哪些人則令你疲憊不堪。我們不妨把這件事當成一個正面的訊號：你不會與「所有人」都合得來；你不可能既能取悅所有人，又能真正了解自己。有人不喜歡你時，與其問：「我該做些什麼，好讓他們喜歡我？」你可以改問：「面對有人不喜歡我這件事，我該如何安撫自己？我該怎麼做才能釋懷？」

你不需要為了存在於他人腦海中的那個「你」負責。你無法左右他人對你的看法，但可以選擇要讓他們的觀點占據自己內心多少空間；你無法控制他人的行為，但可以決定是否要忍受這些事。

辛蒂的討好反應以強烈的社交焦慮呈現。她深怕被別人當成怪人、遭到遺忘、變得無足輕重，最後被孤單地拋下，因為這正是她童年時的真實經歷。她的家庭確實讓她覺得自己很奇怪，並導致孤立與冷落。為了避免再次感受到社交焦慮，她開始封閉自己，卻強化了她內在的不安：「你看吧！外面的世界太可怕了，我們還是躲起來吧！」對辛蒂而言，療癒意味著讓內在焦慮的部分明白：當她勇敢走入人群、參與互動時，結果往往不如她所恐懼的那樣；即使真的有人批評她，她也撐過來了，她還好好地活著！

討好反應的背後往往潛藏著「被遺棄」的深層恐懼。一旦我們發現：即便長大後仍會經歷某種形式的「遺棄」（例如有人不喜歡你），你還是能好好活著，這便是獲得力量的開端。

與辛蒂合作的過程中，我們大多聚焦在於引導她誠實面對一項現實：人們有時的確會表現出惡意，帶著批評的眼光行事，但這些都不在我們掌握之中。社交焦慮的核心，常源於「我不配」的自卑感——不配占有空間、不配出現在這裡、不配與這些人為伍……辛蒂之所以選擇孤立自己，是因為她潛意識裡相信：自己的價值取決於他人如何對待她。而我們的工作就是翻轉這個內在敘事：「我知道自己值得被愛、被尊重。」試著找出也贊同這一點的人們吧。

但我喜歡他們嗎？

當你陷入討好反應時，你會盡全力確保每個人都喜歡你。但更重要的問題或許是：**你真的喜歡這個人嗎？**擺脫討好反應，不代表我們就此拒絕真誠的回饋，而是代表我們可以選擇要從誰那裡接收回饋。

敞開心扉，不表示你必須跟所有人做朋友。

問問自己：我喜歡並尊重這個給我回饋的人嗎？他們的意見對我真的重要嗎？還是我只是出於恐懼而內化了他們對我的看法？這個人展現出來的能量，是我欣賞並希望自己也能擁有的嗎？

如果你總是在分析與某些人的關係（而不是與另外某些人的關係），那麼你或許應該評估一下，自己在這些關係中能否感受到情緒上的安全？當那位忽冷忽熱的朋友對你的貼文按讚時，你的身體是否會感到緊繃（但就算摯友按了一百個讚，你的身體也沒有什麼特別的感覺）？你對那位忽冷忽熱的朋友表現出討好反應，是不是因為身體還不確定能否信任對方？請仔細盤點那些讓你在情緒上感覺安全的人，讓這分安全感引導你決定該把時間投資在哪些關係。關係的確需要經營，但正確的關係會讓經營輕鬆許多。

如果不再對那些只會掏空你的人付出，結果會如何？

如果不再努力地對那些你其實並不喜歡的人證明自己的價值，結果會如何？

如果你打破了舊有的循環，與原本不親近的人變得親近，結果又會如何？

如果有人不喜歡你，最糟的情況會是什麼？你會如何克服這種不適感？

不把事情放在心上，並不代表不管別人說什麼都左耳進、右耳出，也不是要我們變得漠不關心，或容忍別人傷害性的言語與行為。事實上正好相反，當我們明白「不是所有的事都干我的事」時，就能把精力從「我到底做錯了什麼，他才會這樣對我？」的想法中抽離，轉而思考：「我喜歡這個人給我的感覺嗎？」

領悟到「不是所有的事都干我的事」最大的收穫，是它讓我們擺脫了「因為某人無法愛我，所以我不值得被愛」的錯誤信念。

批評之鏡

從大學畢業後，到決定重返校園、成為一名心理治療師之間的那段日子，我的自我意識一直很脆弱。當時我的工作是行銷人員，但我知道那無法實現我的人生目標；我也做一些自由接案的工作，卻也很清楚那只是暫時的逃避，讓我不必面對另一個攸關存在的問題：我來到這個世上，究竟是為了什麼？每天上班時，那股揮之不去的焦慮感都會來敲門。因此只要有人問我「做什麼工作」，我立刻防衛心大起。這個簡單、無害的問題，聽在我耳裡卻像是一種攻擊。我聽到的是：「你的人生目標是什麼？」但我根本不知道答案。這個問題迫使我直視自己的不安和我一直試圖推開的不確定感。

潛藏在心理防衛底下的，是對自己的不信任，是對「我沒有所有問題的答案」的焦慮，以及擔憂他人察覺我內心迷惘的恐懼。當我決定回學校進修，並將職涯奉獻給協助他人療癒後，那股揮之不去的感覺開始消退，並隨著我一步步踏上自己所相信的天職之路逐漸散去。

事實上，我從來不知道別人是怎麼看我的。我只是自己在腦海中編造了一個惡意版本的「他人」，再用它來折磨自己。

反過來說，批評他人也是常用來製造虛假控制感的方式。它能暫時減輕不安全感所帶來的不適。要是別人做了什麼超出我們舒適圈的事（甚至是我們希望自己也能做的事），我們就會傾向於批評他人（或被他人批評）。如果你相信自己身上有某些部分必須加以控制或遭受羞辱，那麼你也會用同樣的方式去看待外在的世界。

沒有什麼是永恆的

一旦意識到世界上沒有所謂的「永恆」，自然不會什麼事都放在心上。心裡的掛念往往只會帶來身心不適，但這種感覺終究會消退。生命的真諦莫過於世事無常：強烈的念想、衝突帶來的不適、當下的情緒，甚至是身體的樣貌，一切都在不斷變化。事情不順遂，終究會過去；事情順遂，也一樣會過去。

為人生帶來額外痛苦的原因有兩個：一、**緊抓不放，因為不想讓某些事物離開或改變；二、抗拒改變，因為不希望改變發生**。

當事情進展不順利時，一句「終究會過去」能讓我們帶著覺知，面對痛苦與不適，同時也承認這些感受會逐漸消退。即使已處在痛苦中好一段時間，我們仍能觀察到，這分痛苦其實也會發生細微的變化與波動。

當事情進展順利時，一句「終究會過去」能讓我們投入在當下的甜蜜裡，明白這種狀態並不會永遠持續，使我們更懂得珍惜。這時，心裡可能會冒出聲音：「但我不希望這一切結束！為什麼非得要這樣？」我們可以接納這個內在聲音，將它視為另一個稍縱即逝的體驗——有來，就有去。

一切都在不斷變化——多麼安撫人心，又多麼令人心碎。當我深陷焦慮的漩渦、忍受身體的疼痛、覺得生命停滯不前、悲傷如海浪襲來……當我發現自己緊緊抓住的，是早就不復存在的現實時，反而讓我感受到「無常」帶來的安慰。「終究會過去。」我對自己說。這句提醒讓痛苦不至於停滯，讓眼淚得以自由落下，因為我知道，短暫的痛苦並非我的命運。既然它本該離去，我又何必抗拒？

承認死亡，才真正開始活著

最近一次探望母親時，我發現她蜷縮著身子躺在床上沉沉睡著。平常去探望她，我總得四處尋找她的蹤影：她常快步走在療養院的走廊上，一邊追著其他人打轉，一邊喃喃自語。雖然她的心智正在衰退，但身體依舊充滿活力。但現在，連身體也開始走下坡。她在床上酣睡的畫面讓我意識到：我們離終點，更近了。

坐在床邊凝望她沉沉入睡的身影，我開始低聲啜泣。過了一會兒，她迷迷糊糊睜開眼睛望向我。那瞬間，我彷彿看見媽媽回來了，不是罹患阿茲海默症的這個媽媽，而是我人生前十九年所熟悉的媽媽。她輕撫我的肩膀，輕聲說：「別擔心，一切都會好起來的。」隨即又闔上眼睛，再度沉睡。我無法解釋，感覺那就是最後一次探訪、最後一句訊息，來自我朝思暮想的母親。

隨著母親一點一滴被疾病吞噬，我被迫直視「活著」的意義。每天靜心練習結束後，以及在日常生活的零碎時刻，我都會花幾分鐘提醒自己：總有一天我也會死去。這是一種名為「念死」（Maranasati，意即「對死亡的正念」）的練習。

不丹被譽為世界上最幸福的國家之一，該國文化鼓勵人們每天思考死亡五次。念死，乍聽之下似乎令人沮喪，但我發現它帶來完全相反的效果。承認死亡的存在，同時也讓我感受到生命在當下的活力：人生無常，「活在當下」是如此迫切的事。我可能明天就死去，也或許能再活五十年。即使我盡全力延長生命，仍無法預知生命會在哪一刻被奪走。於是我再一次，被這神祕又脆弱的存在所震懾。

我一再提醒自己，萬事萬物隨時都在變化。我曾對死亡無比恐懼，現在有時仍會因此感到緊張，但當我開始接受「一切都在改變」，包括自己生命所呈現的樣貌，我也因此獲得了更多空間，陪伴這個正活在肉身之中、正在呼吸、正活在人世間的自己。正因為承認生命的無常，我才能真正與自己相遇。我真的想花一輩子取悅別人嗎？我總有一天會死，所以才更想用一種對自己而言「真正活著」的方式去生活。

世事無完美

正因為「無關個人，無關永恆」，也就沒有什麼事會永遠完美、永遠順利或輕而易舉。

「世事無完美」這句話的意思是說：當然，人生有時真的很糟；當然，人們有時會對你生氣；當然，你會心碎、會生病、會在這一生中失去某個你深愛的人或重要事物。這些都是理所當然的事。因為那就是活著的意義，是體內還有一顆心臟在跳動的證明。承認「世事無完美」，意味著認清人性的本質。這項內在功課不是要排除具挑戰性的情緒，而是要改變自己與這些情緒的關係，別在情緒外頭再增添不必要的痛苦。

即使我們已培養出更強大的能力去應對壓力、以更從容的方式去面對它，人生依然會有重重困難。「世事無完美」，我們必須誠實面對這樣的現實。

還是會掛心

我們不可避免地會把一些事放在心上——我們本來就不必完美無瑕、毫無防備、對任何事泰然處之。學習「不要放在心上」本身就是一條困難又不完美的修行之路。我們可以用第 4 章提到的「NICER 練習」來靜心，引導自己回到能更清晰覺察事物的狀態：

覺察自己何時把事情放在心上，並觀察自己的念頭如何被這件事牽著走，如何編織出那些將我們吞噬的故事：「他們一定討厭我。我是這世上處境最尷尬的人。我一輩子都不該踏出家門。」

我們可以注意到念頭飛奔而去的方向，然後**邀請**那個害怕的部分留下來，溫柔地對他說：「你可以留在這裡。」因為我們知道，與那些念頭對抗並不會讓它們消失。

接著，我們可以帶著**好奇心**去看待這個腦中正在編織的故事：「這個故事觸動了我內在的哪個部分？這故事是真的嗎？有什麼證據支持這個故事？」請記得，人們有時的確會對你生氣！也的確會有人不喜歡你！我們不是在對無可避免的現實說謊，而是練習在不適中溫柔地安撫自己。

接著，我們可以**擁抱**這個內在部分，對他說：「我知道這讓你很不舒服。你是安全的，我們會一起走過這一切。」

然後，我們可以**回到當下**的真實，脫離腦中的故事，回到此時此刻。觀察自己的呼吸，留意房間裡的聲音。回到當下。

接受不等於被動

人們經常有種誤解，以為「練習接受」就等於被動。所以，如果人生本來就不完美，而我選擇如實接受，是不是代表我什麼都不用做？喔，「這就是人生」嘛！如果我接受當下，是不是就會變成行屍走肉，任由一切發生在自己身上，而不再做出行動與選擇？

不是這樣的。練習接受當下，是要清楚地看見它。這意味著透過清晰且扎實的視角看待現實，並告訴自己：「這就是現在發生的事情，然後呢？」我們可以放開那些無法掌控的事，將注意力轉向自己能改變的部分。接受，是誠實面對現實：「好，這就是我此刻的感受，這些情緒是被允許存在的。我的世界是否因此需要有所改變？」這是一種平衡，在放鬆身心、讓生命自然展開的同時，也清楚知道自己該在哪些方面採取行動。

放下對此刻「應該」是什麼樣貌的期待，以當下的現狀迎接它。

與其說「我不該有這種感覺」或「這不該發生」，我們可以練習安撫那個抗拒現實的部分，對他說：「好吧，但這就是此刻正在發生的事。狀況不會永遠是這樣。讓我們看看接下來會發生什麼事吧。」

反思提問

一、你容易將哪些評論或批評放在心上？它們觸動你內在的哪個部分？

二、這部分的你需要什麼才能感覺安全？什麼事能安撫這部分的你？

就算不被所有人喜歡，
我依舊是安全的。
我不需要控制別人對我的看法。

第 8 章

衝突如同死亡，無可避免

如何停止逃避不適？

保持距離

「你是否認為，跟人保持距離，某種程度上是在保護自己？」我問艾芙琳。

艾芙琳來接受諮商的主要原因，是想處理她在人際關係中的焦慮。她習慣與大多數朋友保持安全距離，害怕一旦與人太接近，會發生什麼意外之事。她脖子上圍著一條厚重的鮮紅色圍巾，我心裡納悶：這是否也是為了跟我保持距離？她的眼神與我短暫交會了一下，隨即落在自己的雙膝上。她猛然吸了一口氣。

「我只是覺得避免跟別人走得太近，這樣就不會發生爭執。只要沒那麼親近，就不會有衝突。這樣比較安全。但當我意識到沒有人真正了解我的時候，感覺真的很糟。」

儘管坐在山洞裡靜心、遠離人群、不必擔心讓誰失望或惹誰不快，聽起來非常理想，但這並不是現實人生。有一則佛教故事，講述一位修行者逃入山洞，想藉著日以繼夜的靜心來避開一切干擾，好達到開悟的境界。剛開始幾天，他的確非常平靜，從黎明靜心到黃昏。但隨著日子過去，他開始聽見洞穴深處傳來微弱的滴水聲。這成了他新的執念。他試著忽視那聲音，卻怎麼也做不到，內心越來越煩躁。這時他才明白，自己只是用另一種干擾換掉原來的干擾。

由於討好反應源自複雜的關係性創傷（也就是在人際互動中產生的創傷），因此，唯有建立具備安全性與支持性的關係，並在其中展露自己混亂、不完美的那一面，我們才能獲得真正的療癒。要療癒關係性創傷，靠的不是逃離世界，而是以一種能讓自己感到安全又真實的方式活在這個世界。

不難理解，許多女性害怕衝突。但諷刺的是，當我們試圖避免外在衝突時，反而在內心深處製造出更多撕裂。當我們壓抑憤怒、挫折和需求時，這些情緒並不會憑空消失；我們為了維持表面的和平，反而在內心掀起一場戰爭。當我們能接納（或至少承認）衝突與決裂是人生的一部分，才能減少用在逃避上的能量，轉而投入於解決人際紛爭。

逃避衝突困難的對話，只會強化內心的恐懼，認為這是我們應該害怕的事情。但是當我們一次次向內心那個害怕又想保護自己的部分證明：即使進行一場令人不適的對話，我們依然是安全的；而衝突，也會慢慢變得不那麼可怕。我們不能一輩子逃避親密關係、逃避衝突，因為那表示我們並沒有真正活著——沒有衝突，就沒有成長。

面對衝突的快速檢查清單

當衝突出現時，請試著不要驚慌。問問自己以下幾個問題：

一、此時此刻，我的身體是否處於危險之中？

二、如果沒有，我是否在逃避不適感？

三、如果我目前是安全的，卻在逃避不適，那麼：我是在逃避誰的不適？他人的？還是我自己的？還是兩者都有？

四、如果現在不處理這件事，從明天、下週或更長遠的角度來看，我可能會對這個情況產生什麼感受？逃避衝突，會改變自己未來對這件事的感受嗎？

五、逃避，會不會讓痛苦拖得更久？

理解根源

在成長過程中，如果你很少見過有人以安全、健康的方式處理衝突，那麼你很可能會害怕衝突，因為你會本能地認為：一旦發生衝突，關係就會變得岌岌可危、結束，甚至毀於一旦。

我人生中大部分的時間都認為衝突是不安全的，會帶來負面後果。我也一直認為，自己的情緒起伏之所以強烈，一定是我哪裡出了問題。所以，我選擇了一條自認最聰明、最能保護自己的路：不惜一切代價避免衝突。過去我不知道自己害怕衝突，我只以為自己不喜歡爭執；我會在想說「不」的時候說「好」，因為承認自己的需求會讓我感到尷尬，甚至怕別人覺得我要求太多；我會改變自己的看法去迎合對方，好讓對方不至於發現我其實不贊同他的想法；我會忽略那些讓自己不舒服的事，因為我以為，如果事後再提出來，就表示我放不下或太敏感。

孩提時代所見所學的模式，成了我長大後的預設模式：「不要談論它。假裝它從未發生。」我總是試著盡快跳過一切，認為「一切不會有事」、「天啊，對不起！」、「真的沒關係」。我根本不知道，原來事情可以有別的處理方式。我真心以為真相的命運只有兩種：要不就是被掩蓋，要不就是被大聲吼出來。而每一次觸及事情的敏感層面，都只會讓我感到更不安全，讓我失去更多愛，那太不值得了。我從來不知道，面對衝突其實不一定要驚天動地，它也可以只是單純的接納與表達。

學會先安撫自己

當你心裡開始發出警報：危險！危險！——可能是因為對方看起來有些不高興，也可能是你準備為一件根本與你無關的事過度道歉，又或者是因為你的笑話沒有換來預期的笑聲，正準備解釋一番。這時候，請你暫停一下。放慢腳步。你也許仍在尋求外在的安撫，但不要緊！

正是這個暫停的瞬間成就了你真正的勝利。你察覺到內心那個受驚又想保護自己的部分被觸發。在療癒的過程中，你不會「做錯」任何事。每一次覺察、每一次停下腳步，都是一次勝利。

在衝突中，請用以下語句來安撫內在想保護你的部分：

- 我是安全的。
- 我知道這很不舒服，但我們承受得住。
- 衝突有時會讓人害怕，但我會陪你一起面對。
- 現在我是大人了，我會好好照顧你，陪你走過這一切。
- 你的需求不是一種負擔，表達情緒是安全的。
- 謝謝你努力保護我。我現在的處境很安全。

逃避衝突將阻礙連結

曼蒂談到與室友一起生活的經驗。室友是透過朋友的朋友認識的，剛開始她們一拍即合，每週四晚上，兩人都會換上睡衣，一邊嚼著奶油爆米花，一邊看浪漫喜劇電影，甚至因為工作地點只相隔一個街區而一起通勤上班。但隨著時間過去，看著室友把碗盤堆滿水槽、衣服散落在浴室地板上，每多一個盤子、每堆一件衣服，曼蒂就得再壓抑一回自己的不滿與要求對方收拾的衝動。在這個充滿怨恨的生活裡，她的煩躁感一天天積累，漸漸的，室友做的任何小事都讓她惱火不已，兩人之間的關係也開始變得緊張，但從未試圖解決。最後，她們默默地疏遠了彼此。

「我們之間還好嗎？我覺得你最近好像有點疏遠我。」某天，室友這樣問她。

「喔，沒事啊，我真的很好！只是最近太忙了。」曼蒂回答。

在曼蒂成長的過程中，母親的情緒是整個家的核心，她的反應強烈到足以盤據家裡所有空間。曼蒂和弟弟很早就學會了該怎麼做：把碗盤洗得乾乾淨淨，洗好後馬上擦乾歸位。他們總是確保整個家裡整潔有序，好減輕母親的壓力。在這樣的家庭裡，曼蒂很早就學到了兩件事：一、自己的感受不重要，不值得優先考慮；二、自己的情緒會給別人帶來壓力並引發衝突，這讓她覺得害怕。現在，曼蒂會盡可能避免衝突發生，不讓他人不開心；她深信自己的情緒不值得被看見，因為情緒總是太過強烈，說出口只會變成「小題大作」。

「我那時真心覺得，跟室友討論我心裡的不滿是很殘忍的事。」曼蒂笑著說。

「後來怎麼了？」我問她。

「喔，我從來沒有跟她提過我的想法。租約快到期時，我傳了一封充滿歉意的簡訊，隨便編了個理由說我要搬去別的地方。」

「你當時在害怕什麼？」我問。

「我害怕她的反應，怕她不高興，然後我們之間就再也回不去了。諷刺的是，我們最終還是因為不願意談論這些事情而失去了聯繫。」她說。

當我們處於討好反應時，內心恐懼的那一面會選擇表面的和諧，而非深刻真誠的連結。真正的連結需要展現自我，有時也需要給予或接收一些難以接納的回饋。覺察自己面對衝突時的潛意識反應，才能開始改變你和衝突的關係。

無論對象是家人、伴侶、朋友或同事，誠實、清楚、開放的溝通，是任何親密且安全關係中最重要的元素，但也需要雙方都願意投入其中。如果只有一方渴望並願意進行開放的對話，另一方卻不斷迴避需要討論的議題，這段關係就無法有所進展。

承認彼此在某些事情上看法不同，意味著你得正視那個害怕對方會因此離開，或因此對你另眼相待的恐懼。當我們練習承受情緒上的不適，並提醒自己外在的事件並非自身價值、值得被愛的程度或內在善良的體現時，衝突就不再那麼可怕。它不再被賦予過多意義，也不再成為關係毀滅的預兆。

拖延是情緒的心理遊戲

每當我和個案討論到拖延行為時，我總會問一個問題：「你在逃避哪種讓你不舒服的情緒？」拖延很少與事情本身有關（比方說，你知道自己有能力發出一封電子郵件），而是在迴避採取行動時，從心裡冒出來的那些不安：我夠好嗎？我是不是在欺騙他人？他們會不會覺得我很蠢？

逃避任務讓我們覺得自己能控制這些情緒。想像你坐在電腦前，試著完成一項工作。忽然，你發現自己開始滑手機。在那瞬間，某種令人不適的情緒被觸發了：「這件事太難了，我不想做。」於是內心低聲說：「我不想感受到這種情緒！我要怎麼擺脫它？」致使你不自覺地拿起手機，目的在於逃避某種不舒服的感受。我知道我們的內在有多狡猾，就連逃避衝突時也不例外。

做就對了

我們可以進行以下的練習，學著與不適感共處，並讓它們不再成為阻礙：

- 當別人向你道歉時，你可以說聲「謝謝你」，而不是輕描淡寫地回答：「沒關係！我很好！」
- 事後承認衝突，以傳達「你的感受與需求對我很重要」的訊息給對方。
- 允許自己重新檢視那些已經「過去」的對話，因為它們會在內心不斷浮現。勇於為自己的錯誤負責，即使這表示承認自己並不完美。
- 說出「謝謝你和我分享這些想法，我有在聽，也想理解」，而非立刻採取防衛姿態。
- 放下非黑即白的思維，當人們進行困難的對話時，沒有人非得是贏家或輸家。

安撫他人情緒不是你的責任

過去幾個月來，米蘭達注意到自己在腦力激盪會議中經常被同事打斷。當她話正說到一半，或許是對方腦中閃現了什麼點子，興奮之情油然而生，並迫不及待說出自己的想法，導致她的話就這樣硬生生被截斷。那位同事從未承認自己干擾了她，也不會回頭說：「米蘭達，不好意思打斷你，你剛才想說什麼？」這種情況一再發生。她與這位同事的關係其實很好，也不覺得對方是有意或惡意忽略她的想法，但即便如此，她還是對提出這件事感到緊張不安。

「如果他不再開口怎麼辦？如果他採取防衛姿態怎麼辦？」她問我。

「你唯一能掌握的，只有你說了什麼，以及你怎麼說。」我提醒她，「但你無法控制他會如何接收這些訊息。」

米蘭達意識到，自己把心力都花在避免讓同事覺得不舒服、不讓對方難堪。為了避開這些風險，她只能在每週的會議中保持沉默。她開始了解，自己真正想要的，不過是指出這件事，以及這件事帶給她的感受。於是她決定，不再把焦點放在對方如何反應，而是回到她真正想表達的立場：「我發現，當我在會議中發言時，你會直接打斷我。我知道你可能沒意識到這一點，但我想，或許你可以稍微留意一下，好讓我能把話講完。」不論對方接不接受，或者是否採取防衛姿態，米蘭達至少已經成功地為自己發聲。

當我們練習清楚、直接、開放且誠實的溝通時，對方會以他自己的方式回應或做出反應，這取決於他們以什麼方式應對不適感。我們唯一能掌握的，只有自己的言語與行動，以及如何回應他人。當你練習以更清晰的方式表達自己的想法時，請記得，安撫他人情緒不是你的責任。

在接受「衝突無可避免」的同時，其實也是在接受以下這些事實：

- **別人情緒低落並不表示就是你的錯，你也沒有責任去「修復」他們的情緒（除非你真的傷害了對方）**。你所能做的是提供支持與空間，讓他們自己去調節情緒。
- **當別人經歷情緒時，你可以在旁陪伴他們，但不必被捲入其中**。給予支持的同時，你仍能保持對自己身體和需求的覺察。事實上，唯有對自己的狀態有所覺察，才能以更真誠、持續的方式支持他人。

- **有時，人們會對你生氣、與你意見相左，或無法理解你。**當你能接受這些狀況，就不會再耗費精力去避免它們，或試圖控制他人如何面對情緒。

清晰直接的溝通，是一種自我信任的實踐，也是一種知道何時該提出問題（因為它值得好好處理）、何時該放手，意即如何在關係裡保持平衡的技巧。提出問題不是為了控制對方，而是為了建立真正的連結。越是試圖介入、操控他人的行為，越會為自己帶來痛苦。

相信對方的話

「你真的不會生我的氣嗎？」伊拉娜問妹妹。

姊妹倆剛發生一點小爭執。然而當氣氛稍微緩和時，伊拉娜卻開始陷入自己的腦內小劇場。妹妹一向是個冷靜沉著、情緒穩定的人，但這種中立超然的態度，有時反而會勾起伊拉娜的焦慮。對方簡潔回應所留下的空白，讓她開始胡思亂想：「該不會她其實很生氣，只是沒說出來？媽媽就是這樣。」

「我沒生你的氣，伊拉娜，但你一直問我有沒有生氣，這讓我覺得有點煩。」妹妹回答。

如果你習慣逃避衝突，你可能會不自覺認為別人也在逃避衝突。你會以為對方其實心裡很生氣，只不過是沒說出來，因為那正是你面對衝突的方式。

我希望你能從這本書學到最重要，也最具挑戰性的練習之一是：**相信對方的話**。學著相信別人的話（對，這會帶來不適感），不去揣測話語裡有沒有弦外之音或任何暗示，不去猜想他們內心深處的感受。

另一方面，如果對方在溝通中表現得消極被動，不直接向你提出問題，你就無法解決任何問題。

上週，伊拉娜正在和媽媽通電話，媽媽的回應突然變得簡短，只用「嗯」和重重的嘆氣回答她的提問。「我沒事，伊拉娜。」當她問是不是有哪裡不對勁時，媽媽這樣回答。三十二歲的伊拉娜非常了解媽媽，她知道媽媽絕對不是「沒事」，心裡一定有什麼不滿，只是不願意直接說出來。平常伊拉娜會試圖討好媽媽，比如週末安排一起去做些她其實不想做的事，或是聊一些工作上的成就，好轉移注意力。但這一次，伊拉娜選擇對媽媽說：「如果你有什麼煩惱，我相信你會告訴我，我也會聽你說。」

當對方以消極被動的方式溝通時，我們內在負責自我保護的部分往往會急著跳出來開始討好，這是因為「無法得知對方想法與感受」的不確定性令人難以忍受。但事實上，你能做的就是給對方空間並提供支持。

同樣的道理也適用於你自己。你練就了一項巧妙的生存技能：在人們什麼都沒說的情況下察覺他們的需求與情緒，因此，你期待別人也能這樣對你。你希望對方「自動明白」你的感受與想法，要是他們沒做到，你就會覺得失望。但事實是：他們無法讀懂你的心。正如你不該再費心搞懂別人的想法，沒有任何人該如此辛苦地去修練「心電感應」。

你避開的是衝突，還是戲劇化場面？

比起和一大群朋友相處，我一向偏好更親近的一對一關係。成長過程中，我經常告訴自己，我只是不喜歡群體聚會可能帶來的麻煩。但現在回頭看，我覺得這句話背後隱藏的是恐懼。朋友越多，代表我越有可能讓別人失望、惹別人生氣。要處理的反應太多、要觀察的表情太多、要關注的情緒太多，衝突的可能性也太多。與其如此疲於應付，我寧願一次只經營一段關係，只專注一張臉孔。如今，我依然傾向於親近、一對一的人際關係，但我心裡有了不一樣的理由，不再來自恐懼或逃避。我仍選擇保有一個小而緊密的朋友圈，這樣我才能把更真誠的自己給予我珍視的人，同時也能為自己留下足夠的空間。

在成長過程中，艾咪經常看著父母爭吵，就像在看一場桌球比賽，她的頭不斷左右擺動，試圖跟上節奏、計算分數。她會試著介入並調解，成為那個講道理的人，那個能指出真相的外部觀察者。於是父母開始仰賴她的旁觀視角，各自向她「陳情」，懇求她站在自己這邊。

如今，當成年的她回家過感恩節時，同樣的互動仍繼續上演，但她只是靜靜地想著：這不是我需要介入的衝突。這只是一齣戲，我只要當個旁觀者，置身事外就好。

在討好反應中，我們的安全感來自於確保每個人都能開心。一旦察覺到衝突，我們會本能地想立刻消滅它，因為我們曾學到：只要衝突存在，就無法感到安全。但隨著逐步療癒討好反應，我們將會明白，不是每一場衝突都值得捲入其中，有時根本什麼都不必做。

接納「衝突無可避免」，意味著我們了解衝突總是會發生，也了解不是每次都得當成什麼天大的事情。有時我們只是餓了，或是累了，或是感官受到太多刺激，像是電視聲音太吵，而伴侶又硬是要用比電視更大的音量說話。逃避衝突（出於恐懼）和避免戲劇化場面（為了健康著想）是有差別的。關鍵在於分辨：這件事值得提起嗎？還是我可以選擇放下，因為這就是對方身上的部分特質，而我選擇接受？這是不是某種重複的模式，儘管一再出現，卻因為我們的逃避而被棄置不管？我真的想和這個人維持關係嗎？我是否試著改變一個不斷向我證明不會改變的人？

在那些我們真心想長久維繫的關係中，解決衝突的重要性更加不可忽視。**逃避衝突，是因為恐懼。內心從容、有自信，才能遠離不必要的紛爭。坦誠的溝通有助於建立平和的關係，因為它能消除誤解，也消除揣測他人心思、玩弄手段或曲解言詞的必要。**

間接討好

「我有個特別鑽牛角尖的地方。」漢娜說道，「要是朋友或伴侶沒照我的方式去做，我就會覺得非常焦慮，並且想控制整件事。」我問她能不能舉個例子，她說：「假設伴侶正在傳訊息給我們共同的朋友，要是那則訊息的內容不像我平常說話的語氣，好比說不夠有禮貌、討人喜歡，我就會開始焦慮、擔心對方誤會……而且這會對我造成不好的影響。所以我會試著控制伴侶發出去的訊息內容。這樣算嗎？」

「當然。那你害怕會發生什麼事？」我問。

漢娜移開視線，想了想：「我怕別人會覺得我的伴侶很不討喜，而且因為我跟他們也認識，所以會連帶覺得我也很討人厭。然後我想……我們可能會惹上麻煩，或是他們會生氣。」

我點點頭，想起就在上週，幾個朋友有說有笑地（就像普通人一樣）走進我家時，我的身體整個緊繃起來。他們的音量完全合宜，我卻感到一陣焦慮湧上心頭：我怕吵到鄰居，也怕會因此讓我惹上麻煩。後來我做了個深呼吸。我知道，這是年幼時那個事事都得小心翼翼、躡手躡腳的自己正試圖保護我。我對那分恐懼說：不要緊，這裡很安全。

就討好反應而言，許多避免衝突的行為，其實都是為了試圖控制別人對我們的看法，希望對方不要把我們當成壞人。當周遭出現失控的徵兆（例如在特定情境裡，發現別人並沒有像我們那樣去討好他人）時，想保護我們的內在部分就會立刻啟動，試圖控制任何看起來像是「威脅」的人事物。

我將這種「透過某人討好另一個人」的行為稱做「間接討好」，因為這就是我們在相同情境中會做的事。我們透過中間人的行為舉止來安撫自己真正想討好的人，藉此讓自己感到安全。

在維多利亞的成長過程中，父親一直對她顯露於外的部分極為挑剔，像是外表和社交禮儀。每天晚餐簡直就像在進行面試似的，即使只是簡單的一句「今天過得怎麼樣」，她都必須清晰明快地回答，倘若父親對她的回答或表達方式不滿意，就會遭到訓斥。「你這種回話方式在現實世界是混不下去的。」他會這樣說。

如今維多利亞已經五十多歲，和伴侶比爾相伴多年。比爾為人內斂，說話總是輕聲細語。某天，他們開著擴音和維多利亞的父親通話，比爾正向他更新自家近況。這時，維多利亞開始覺得焦躁，她的身體回想起從前那種熟悉的感覺：要是父親聽不到那種「宏亮、有自信的說話方式」，會發生什麼事。維多利亞開始輕推比爾，「大聲點。」她用嘴型提醒他。比爾只覺得困惑，仍以溫柔的語調繼續說話。維多利亞轉而用手勢示意，豎起大拇指往上比，示意他「提高音量」。這時，她的身體越來越僵硬，屏住呼吸，彷彿準備承受父親即將脫口而出的批評。

這一刻，維多利亞內在的年幼自我浮現出來，試圖讓伴侶配合那種曾讓她在父親面前得以生存的溝通風格：她正在透過比爾來討好父親。

最近，這種模式也出現在另一位個案喬治身上。幾年前，喬治在飽受舅舅多年的情緒虐待後，決定與他斷絕聯繫。但隨著舅舅的生日即將到來，喬治的母親不斷施壓，要求喬治打電話給舅舅，祝他生日快樂，並原諒他。

「你為什麼要求我這麼做？」喬治問媽媽。「你明知道我們之間有過節。」

「我只是覺得，如果你不這樣做，他會很難過。」他的母親說。

這是一個典型的討好情境：為了在施暴者面前感到安全而討好他。喬治的母親所做的正是「間接討好」，她透過喬治來討好他的舅舅，因為她害怕如果喬治不主動聯繫，會讓她在其他人面前抬不起頭。喬治向母親說明，他已經與舅舅劃清界線，他希望能守住自己的堅持；至於舅舅的不適或媽媽對此決定的反應，都不是他需要處理的。

修復的藝術

世上沒有完美的父母、孩子、伴侶或朋友。這句話確實讓人鬆一口氣：在人際關係中，不需要追求完美。當我們不再要求自己「必須完美」時，我們也能停止對他人抱有相同期待。我們都會把事情搞砸、說錯話、誤解彼此的需求、錯誤地傳達自己的想法。至於如何**修復**這些錯誤，才是讓關係更加緊密的關鍵。

要事先說明的是：我指的不是那些充滿虐待，或是在有害環境中一再出現衝突的有毒關係。如同接下來會提到的，修復關係的兩個關鍵要素是：**積極努力理解對方的需求，並致力於在未來能更妥善地進行自我調節**。理解關係中難免有裂痕，不代表我們要因為對方幾乎毫無反思或成長，而容忍有毒的衝突反覆發生。

我們可以對一個人內心的痛苦與未處理的創傷抱持同理，但同時也要保護好自己。我們能理解一個人為何會做出這樣的事，但不代表我們一定要原諒或接受對方的行為。

真正的修復，必須建立在對方也有意願修復彼此關係的基礎上。

修復的含義

真正的修復意味著：

一、回到那個令人感到緊張或關係破裂的時刻，並認知到發生了什麼事。

二、承擔自己的責任。

三、告訴對方你在這次經驗中學到了什麼、你想改變的地方，以及如何練習。

討好者很少學到如何修復關係，但如果從未有人示範該怎麼做，又怎麼學得會？如果連照顧者自己也不知道如何進行，又怎麼教導下一代？小時候，當我們面對衝突時，最常用來修復裂痕的方式，就是被大人壓著頭：「說『對不起』！」

然而真正有用的從來不是那句被逼著說出口、不甘不願的「對不起」，而在於理解隱藏在事件背後的意圖。簡短的一句道歉，反而很可能關上對話的大門——彷彿在說：「我道歉，可以了吧！我們和好了吧？」背後的意思其實是：「你可不以不要這麼計較？」修復關係卻不同，它邀請彼此互相理解，開啟對話和連結的契機。

第1章曾提到，自責是高壓或高衝突家庭中的因應機制。當父母從令人感到安全的存在，變得可怕、沉默或在情感上缺席時，孩子會渴望重新找回「一切安然無恙」的安全感。當父母從未主動修復關係、孩子只能靠自己去理解這一切時，就會把自責當成用來安撫自己的適應性機制：「問題一定出在我身上。是我不好。我不值得被愛。」如此一來，他們就能繼續保有「父母或世界都是安全的」信念，因為只要錯出在孩子身上，問題就不在於父母無法滿足孩子的需求。

由於缺乏修復的經驗，我們學會將他人的情緒與行為當成自己的責任；我們學會只要某人不開心，一定是因為我們做錯了什麼才會這樣。

修復能改寫舊有的故事。

當我們願意面對衝突，並練習與他人和自身修復關係，就能替這段故事譜寫新的結局。我們能從衝突中汲取不同的教訓，開始為「衝突」這個詞建立全新的聯想，也能告訴心裡那個恐懼、試圖保護自己的內在部分：衝突，不一定代表關係的終結，有可能是一扇通往深度親密與理解的大門。

修復同時也包含自我修復——將自己的行為與自我價值分開來看。我們可以對自己說：「我不覺得自己剛剛那樣大吼有什麼好驕傲的，我希望能更努力學會調節情緒。」同時也可以對自己說：「那只是當下的一個片段，並不代表我就是這樣的人。」修復不是為了替自己的行為開脫，而是給自己一個機會，思考下次如何做得更好。

在關係裡，許多人其實只希望對方能看見我們的需要。面對那些與父母關係緊張或疏離的成年個案時，無論他們現在是二十三歲還是五十三歲，他們的共通點都是渴望獲得父母的理解、希望父母能接納他們的感受確實存在。不論幾歲，要是能聽到父母說：「我最近一直回想起你小時候的事，也發現我傷你很深。我知道過去無法改變，但還是想為那些沒能陪在你身邊的時候說聲抱歉，我也在努力成為一個更能陪伴孩子的父母。」確實令人備感安慰。儘管這種表態無法抹去所有的傷痛，但它仍是一次全新的機會，讓我們得以被看見、被聽見。

儘管還有很多話沒說，還有許多想法未被察覺，但能獲得承認與接納真的就夠了，我們想要的不過就是這樣。因此，不妨將關係中的裂痕，視為增進親密的機會。

無論對象是你的孩子、摯友或同事，關係裂痕的彼岸，都藏著一個契機，讓彼此能更深刻地認識對方、更細膩地理解彼此的需求與渴望。再次強調，這裡所說的是那些健康的、對你而言有意義且讓人感到安全的關係。在這樣的關係裡，彼此都願意互相傾聽，也願意一起修補裂痕。

你要的是安慰，還是肯認？

山姆和艾莉西亞這對伴侶曾來找我諮商。山姆偏向迴避型依附，艾莉西亞則偏焦慮型依附（這是十分常見的伴侶組合）。由於山姆習慣逃避，因此發生衝突時，他會想要拉開距離、渴望空間，卻加劇了艾莉西亞的焦慮：她害怕他會離開，或者這段關係就此徹底破裂。

焦慮時，艾莉西亞會下意識尋求「安慰」，好讓自己感到安全，知道一切不會有事。這通常表現在她的提問上：「你是不是在生我的氣？我是不是做錯了什麼？你還愛我嗎？」衝突觸發了艾莉西亞被遺棄的創傷。在她的原生家庭裡，只要一發生衝突，就會把事情怪到她身上，並讓她獨自承受一切。這就是被遺棄的感受：無論是缺乏身體上的接觸，還是情感上的抽離，對她而言都是一樣的。因此，艾莉西亞學會了：只要別人心情不好，就等於她得遭到孤立，這種感覺讓她陷入痛苦的深淵。

另一方面，習慣逃避的山姆在衝突發生時，總是渴望獨處。但山姆表達這項需求的方式，卻讓艾莉西亞覺得自己遭到了冷落和輕視，進一步引發她的焦慮。艾莉西亞感到受傷，山姆則關起心門，如此循環反覆。

成功修復他們關係的關鍵在於，首先要分享彼此內心的想法，理解雙方在成長過程中的衝突經驗，以及「衝突」對他們來說意味著什麼。由此，就能辨識出他們在衝突當下的反應模式：對艾莉西亞來說，她想更親近；對山姆而言，則是拉開距離，這兩種反應都是合理的。艾莉西亞想親近山姆，不是為了讓他感到窒息，而是因為她很害怕；山姆想要空間，不是因為他要離開艾莉西亞，而是因為他的身體學會了在衝突中選擇獨處、保持距離。如何向對方表達這些需求，可說至關重要。

修復關係另一項重要的關鍵，同時也是平復討好反應的重點之一，是了解

「安慰」與「肯認」（validation）之間的差異。

尋求安慰，是希望對方消除我們內心的恐懼。「我沒有生你的氣！一切都沒事！」呼——暫時鬆了一口氣。但這種反應只是暫時的安撫，並沒有真正處理或承認那些令人不安的情緒。尋求安慰往往出於習慣性，甚至是強迫性的反應，感覺自己迫不及待地將字句和問題傾瀉而出，反覆問伴侶：「你還愛我嗎？我們之間是不是哪裡出了問題？」當我們並未專注自己的身體上，而是被思緒捲進腦中的漩渦時，就會發生這種事。由於安慰只能帶來短暫的滿足，使得它成為一種依賴循環：只要那種安心感消退，就會再次尋求安慰。安慰是一種單向的行為模式，焦慮的一方急切地要求另一方撲滅自己內心的焦慮。

衝突發生時，艾莉西亞會不斷尋求安慰，好安撫心裡那個害怕被遺棄的自己：「只要他告訴我，他還愛我，我就不再感到焦慮。」但安慰不過是一塊貼在傷口上的OK繃。由於她並沒有真正去面對並接納那個焦慮的內在部分，使得她對安慰的需求永無滿足之日；再多的安慰，都無法療癒內心深處的創傷。

獲得「肯認」，則表示自己的感受與經驗被看見、接納，並獲得肯定：你的感受是合理的。這對修復關係來說很重要。不同於尋求「安慰」只是為了緩解焦慮，尋求「肯認」的目的在於希望獲得傾聽、理解與接納，並知道對方能同理自己的情緒。

這是停下腳步、覺察自己內在的感受，再用踏實穩定的方式表達出來的能力。儘管肯認有時也包括了安撫（例如「我沒有生你的氣」），但重點在於放慢速度、讓對方知道我們確實理解隱藏在擔憂背後的情緒（「我明白你很焦慮，我想了解發生了什麼事」）。肯認不一定能立刻減輕對方的擔憂，但它能告訴對方：「我聽到了，你的感受是合理的，我想理解你。」肯認源於連結、當下的陪伴，以及雙方的互動參與。

很多時候，當有人向我們傾訴情緒上的困擾時，我們的直覺反應是立刻給予建議，試圖減輕對方的痛苦。但這種反應所傳達的訊息其實是：「你的情緒對我來說太沉重了。」然而對方真正渴望的，不過是自己的情緒能獲得傾聽與理解。

過度尋求安慰會對關係造成極大壓力，因為它會重複發生，並給他人帶來負擔。相反的，如果能停下來，讓對方了解你內在的情緒狀態，反而能深化關係，因為這麼做是在向對方敞開自己的內在經驗，讓他們看見你最深層的需求。

在山姆和艾莉西亞的關係中，最終能安撫艾莉西亞的，是學會理解尋求安慰背後的情緒。如果她能停下來，覺察並承認那分情緒、練習安撫內在部分，並將這分感受傳達給山姆，艾莉西亞就能真正明白自己需要的是什麼，同時也能理解山姆的需求。

對艾莉西亞而言，自我安慰的方式是深呼吸或外出散步，並告訴自己：「焦慮出現了。沒問題，我可以容許這分情緒存在。我是安全的。」

對山姆而言，與其突然離開房間，對艾莉西亞冷處理，不如告訴她：「我現在有些不知所措，也能感覺我們的對話正在升溫。我想去散散步。我們一個小時後再繼續聊。我愛你，我不會離開；我只是需要一點自己的時間。」

這樣的方式對他們兩人都很有幫助，不但給了艾莉西亞所需的安撫，讓她能學著自我調節，也讓山姆得到他需要的空間，不需要一再提供安慰給艾莉西亞。他們從對手變成了隊友。

對許多人來說，想獲得安慰或肯認的需求可能很難得到滿足，因為我們早就學會將任何形式的滋養或關愛隔絕在外，即使那正是我們渴望並祈求的。我們學會謹慎地接受它們。在童年的經驗裡，如果愛與滋養經常在得到後又很快被奪走，我們就會明白：與其有了希望，又被迫失望，還不如一開始就不要接受。

又或是我們在接受滋養的同時，還得收下某些讓人不舒服的感受，例如罪惡感或被控制感。比方說，照顧者只有在他們想要的時候，才會給予情感支持；或是只有在我們遭受外界批評的情況下，才能得到照顧者的一點點關愛。如果童年的經驗告訴我們「得到別人的愛是有代價的」，我們自然會心生抗拒或無法真正接受它。因此，無論獲得多少安慰或肯認，我們總覺得不夠，內心永遠飢渴。

真正持久的安全感，是透過肯認自己的情緒、安撫自己的內在，並允許自己接受他人的肯認，從內在產生的。

做出反應之前

從受到觸發到說出或做出反應之間，往往沒有任何停頓。我們的反應常常是即時的，並受到恐懼、信念、偏見與過去經驗的驅動。

如果你在一段關係中感覺到某種明顯的距離感，並因此觸發了害怕對方對你不滿的內在部分，請對自己提問：

- 我對自己所說的這個故事，是否完全屬實？
- 對方現在的行為是否與平常的互動不同？還是向來如此？

- 我感受到的這種距離感是否有其他原因（例如工作壓力太大、不堪負荷、正處於新戀情的蜜月期、正在經歷分手）？
- 你是否期待對方仍維持過往的模樣？你是否仍執著於過去的關係？
- 在這段關係中，有什麼是你們需要一起面對和處理的？

最糟的莫過於看清事實

「我真心認為，如果我不再主動連絡這個人，我們就再也沒機會說話。」當艾蜜莉亞意識到「這段關係只有我在付出」的時候，她發現自己開始覺得怨恨；而且隨著時間過去，怨恨越積越多。

「你願意跟她分享你的感受嗎？」我在一次晤談中問她。

「我真的很想這麼做。我很害怕，但我覺得需要把我的感受告訴她，也想了解她那邊到底發生了什麼事。」

後來，當她們有機會碰面時，艾蜜莉亞深吸一口氣，緊張地對朋友說：「我可以跟你提一件事嗎？最近我覺得我們有點疏遠，想知道你是不是一切都好。」

在那次談話裡，朋友說她最近真的非常忙，沒有辦法像以前那樣有空跟艾蜜莉亞保持聯繫。艾蜜莉亞一邊聽著，一邊也覺得難過，因為她知道儘管對方仍騰出時間與其他朋友相處，卻沒有對她付出同樣的心力。又過了幾週，朋友依然沒有主動聯繫她，彼此依舊保持過去的相處模式。

但現在艾蜜莉亞的感受不同了，因為她清楚知道在這段友誼裡，朋友能給她什麼。她不再試著改變對方，而是接受「我能從她那裡得到的就是這樣」的事實，卻反而讓艾蜜莉亞在這段關係裡更放鬆，不再執著於自己的渴望。她更進一步意識到，這段友情所反映的，其實是她與父親的關係，如果想在一段關係中感受到愛，就必須努力付出。與友人之間那場令人不自在的對話讓艾蜜莉亞覺察：自己不該如此拚命去說服別人關心她。儘管關係本身並沒有發生太大的改變，但艾蜜莉亞能更坦然地投入其中。

沒有比看清事實更糟的事了。或者從更現實的角度來說，最糟的情況儘管令人覺得不舒服，卻能讓我們認清事實。的確，進行某些對話並看清眼前關係的現況確實很困難，然而一旦勇敢面對，一**切便一目了然**。你能將寶貴的精力用在接受現實，接受你無法控制或改變對方，然後繼續往前走。如此一來，你就能更靠近真相，並掌握做出下一個最佳決策的依據。

坦誠的對話帶來的不適是短暫的，但壓抑的怨恨會在心中滋長，讓我們無止境地困在與自己交戰的循環。

讓自己自由

當你思考是否值得進行一次令人不舒服的對話時（例如不願傾聽的父母或困在防衛反應裡的前任），試著將焦點轉移到自己身上。

不論對方是否聽見或理解，也不論他們的反應或回應是什麼，這場對話是否成功，取決於你能否說出內心的想法。我的許多個案發現，一旦坦白說出自己的感受，便會失去繼續對話的動力，因為他們意識到：「原來我只是想藉由這次對話，看看對方是否會改變。但現在我知道，我試圖讓一個根本不會聽我說話的人聽見我的聲音。」

如果這場對話是為了你自己、為了表達內心感受，你或許會認為不一定真的得進行對話，這時你可以錄下自己想說的話或寫一封信（但不寄出去）。即使你到頭來並沒有進行這段令人不快的對話，至少可以對自己坦承內心感受到的憤怒、委屈和背叛；即使對方無法認可你的情緒，你仍能親手送自己一份禮物，認可自己的感受。

面對衝突時的四個備忘錄

當你猶豫是否該表達自己的感受時，請暫停一下，對自己提出以下四個問題：

一、我現在的感受是什麼？

憤怒？被忽視？受挫？

二、我提起這件事的意圖是什麼？

只是想被傾聽？還是希望對方有所回應，甚至改變？這件事沒有對錯，但了解自己的期待，能幫助我們更清楚行動背後的原因。

三、我想對這個人說什麼？

從「我」的角度出發，真誠地表達自己的感受與經驗。請避免提出「你總是這樣……」這類非黑即白的陳述，也不要假設對方的感受或動機。

四、我想從對方或自己身上尋找什麼？

我想從對方身上得到什麼？如果對方沒有給出我想要的回應，我需要怎麼照顧自己才會感覺安心？如果對方無法給我渴望的認可，我能不能自己給出這分肯定？

這項練習雖然很可能讓人不舒服，但另一方面，它讓你有能力更誠實清楚地表達自己、擁有更健康的關係、更明白自己想與誰共度，並獲得更多能量，因為你不再浪費精力閃避左右而來的衝突。衝突就像死亡，是人生中不可避免的一部分。

?反思提問

一、你目前與衝突的關係是什麼？

二、當你感覺衝突即將發生時，你擔心面對它會發生什麼事？

三、在衝突的過程中，無論是來自自己或對方，什麼樣的支持會讓你覺得安心？

衝突是生命中自然的一部分。
我有能力承受衝突帶來的不適。

第 9 章

重新定義界線

尊重自我需求所帶來的自由

永恆之夏

當我和丈夫搬到加州時，我發現自己在為逝去的冬天哀悼。我確實想念雪，想念那種手腳凍得失去知覺的奇妙感覺，還有溽濕的毛線手套散發出的懷舊氣味，但我真正珍惜的，其實是冬天帶來了季節性的集體「休息許可」。我曾經依賴冬天提供的藉口，讓我「偷懶」待在家裡、取消聚會、不讓自己筋疲力盡、少做一點事。冬天給了我難以給予自己的空間。

待在加州時，我強迫自己的身體處於「永夏」狀態，即使根本不需要如此。每天進行高強度運動，完全不讓自己休息；週末時，每分每秒都塞滿各種行程，因為對我來說，靜靜待著、什麼都不做並不自在。工作結束後，我仍不自覺打開電子郵件，因為「關機」會讓內心感到恐慌，唯有在「獲得成就、從事有生產力的事」時，我才會覺得自己有價值。

我無法說「不」的根源，源自深怕被拋下、遺棄的恐懼。只要我回答「好」，我就不會讓任何人失望；只要我說「好」，我與他人的緊密關係就不會「斷裂」，我與他人之間的連結仍能維持，或許他們就不會遺忘我；只要我忽視自己，或許他們就不會忽視我。

當我意識到這是我的「自動模式」時，同時也注意到第一個閃過腦中的念頭經常是：「我必須說『好』。」於是我開始用更有意識的提問來取代這個念頭：「我一定得說『好』嗎？」如果答案是「不，你沒有義務這麼做」，問題接下來就會變成：「這是我想要的嗎？」很多時候，答案仍然是肯定的，但真正的差異在於過程：回答「好」，不再是因為害怕遭人拋棄，而是因為我不想拋棄自己。

當我陷於討好反應時，我曾害怕設立界線會讓我顯得刻薄、封閉與自私。現在，透過尊重自己的需求、設立界線，我反而能為所愛的人付出更多，也有更多精力去陪伴那些如家人般親密的人，而且都是發自內心的，因為我有了付出的餘裕。當我電量耗盡時，我也相信自己能停下腳步，獲得自己需要的休息與修復，從而補充能量。

重新定義界線

界線需要全新定義。它們經常被描繪得像是生硬的規範與冰冷的制式回覆。界線的設定不需要符合別人的標準，只要對自己而言是真誠且符合內心感受就行。**界線，意謂著認識自己與自我的需求**。每一段健康的關係，都存在著某種形式的界線，因為在健康的關係裡，每個人都能保有真實的自己。

想像一下，今晚你打算跟最要好的朋友共進晚餐。你茫然地站在衣櫃前，苦惱著自己能否忍受整晚都穿著正裝。這時，手機傳來一聲提示音。一看，是朋友傳來的訊息：她取消了晚餐約會。我們先在這裡按下暫停鍵。

你希望對方的狀況是以下哪一種？

一、**說謊**。

你或許會心生狐疑，但不至於直接指責對方說謊。你可能會在心裡反覆琢磨，她其實打算跟上個月在陶藝課認識的那個超風趣朋友出去，才會臨時爽約，不跟你吃晚餐。

二、**說出自己真正的想法**。

「嘿，我真的很期待今晚的晚餐。但老實說，我現在真的太累了，覺得自己沒什麼力氣赴約，只想泡在浴缸裡放鬆一下。可以改天再約嗎？」

我猜你大概會偏好第二種情況，甚至會因為對方信任你、願意告訴你實話而感動。對方的坦誠讓你下次只想窩在沙發耍廢的時候，也能安心對她說出自己的狀態。你不但不會因為她說了實話而生氣，反倒會更尊重她。真正的親密關係，意味著你不需要時刻猜測對方是不是在對你生氣，因為這段關係的基本標準是誠實。

界線是橋梁，不是高牆，它能為可長可久的人際關係創造空間。設下界線不是為了改變對方，而是讓你在與他人建立關係的同時，仍能穩穩地扎根於自己的內在。無論你正面對的關係是安全的，還是搖搖欲墜，請思考以下問題：如果你能接受對方永遠不會改變，你想跟他維持什麼樣的關係？這段關係需要具備什麼條件，才能讓你覺得安穩自在？

界線的樣貌

- 時間
- 金錢
- 精神
- 肢體／身體自主
- 性
- 智性
- 靈性／宗教
- 物質（對個人物品的尊重）

沒有界線的生活

亞麗自小很少見到父母為自己設立界線，無論是對工作、朋友或社區。她曾看到母親對來電顯示翻了個白眼後，用愉快的語氣接起電話：「瑪麗！我剛剛還在想你呢！」父親是教會裡的執事，整個家理所當然對所有事情來者不拒，無條件支持每個人，從不考慮先照顧自己。她眼看父母日漸疲憊、滿懷怨恨，卻也看見他們對這樣的付出懷有驕傲：付出，付出，再付出，並被外界看見他們的持續奉獻，即使無止境的付出消耗了他們的情緒能量。

亞麗學到，「沒有界線」會讓你變成一個好人，但要是你沒有因過度付出而筋疲力盡，就表示做得還不夠，還會因此必須承受某些後果。然而親眼看著父母疲於奔命、憤懣不平，感覺他們越是強迫自己超出所能承受的極限，越是喪失了當初服務他人的喜悅。

亞麗長大成人後，只要對他人設下界線，便會感受到強烈的罪惡感，彷彿光是「有需求」，就表示她是個糟糕的朋友、伴侶或女兒，更別說表達出來了。

許多困在討好反應裡的人完全不知道人際界線的重要性，因為在成長過程中，內在與外在世界之間就不曾有過明確的分界。慣於討好的人無法輕易設定人際界線，因為我們學到，想得到愛，就得靠付出和奉獻才能換來，因此凡事都說「好」。長大成人後，這樣的模式讓心力過度耗竭、萌生怨恨，也讓人逐漸失去對自我需求、喜好與界線的感知，更有可能為了換取短暫的安全感而滿足他人，導致我們一次次犧牲自己的長遠幸福。

想學會設立界線，首先必須認識自己的需求，並重新思考這些問題：**我的感受是什麼？我真正想要的是什麼？我需要什麼？**

善意與慈悲的差別

「我無法拒絕他人，我這個人太善良了。」卡特解釋，接著開始抱怨朋友已經連續四個週末請她幫忙照顧狗，讓她非常惱火。

「我能提個問題嗎？如果你嘴上說好，實際上卻滿腹牢騷，這真的能說是出於善意嗎？」

對於習慣討好的人來說，他們多半很怕被當成壞人，使得療癒討好反應的過程感覺就像是踏進某個危險領域。「這是不是代表……我會變得很不厚道？」意思是他們擔心別人說自己刻薄，進而被認定為壞人。不會，你不會在午夜十二點鐘響過後變成一個大壞蛋。療癒討好反應的真正意義在於**將焦點從「做個好人」轉向「做個慈悲、富有關懷、有同理心的人」**，而不是時刻配合對方的要求。

以佛教為根基的「慈悲焦點治療」，將「慈悲」定義為「對自己與他人的痛苦保持敏銳的覺察，承諾並試圖減輕與預防這些痛苦」。這是一種致力於減輕長期痛苦的實踐，但往往需要我們願意在短期內面對一些讓人不舒服的情境。善意，與他人如何看待我們的表現有關——為了能被視為「好人」而去做某件事；至於慈悲，並不是為了討好他人，而是為了與自己連結。倘若我們無法善待自己，就無法善待他人；如果我們在這個過程中拋棄了自己，就不是真正的慈悲。

我們之所以做出討好反應，往往是為了逃避內心的不適感，並試圖掌控他人的情緒；但事實上，這種行為卻會為自身與人際關係帶來更長久的痛苦。出於難以言喻的怨恨，我們或許會選擇說些無傷大雅的謊言，以迴避設立明確界線的壓力。但這些善意的謊言，最終會化為更多的緊繃與不愉快，累積在心裡。相反的，清楚、直接的溝通雖有可能帶來短暫的不適，卻能減少長期的痛苦，因為它能直指當下的真實情況，解決橫阻在眼前的問題。為了讓每個人都開心，卻讓自己極度不快樂，這條路終究不是長久之計。

請問問自己：我所說的是真心話嗎？還是只為了安撫對方而言不由衷？

人際界線能讓我們以更具建設性的方式面對自己的憤怒與怨恨，讓這些原本會遭到壓抑的強烈情緒，轉化成具有支持性的力量。

所謂的慈悲，是說「不」的勇氣，是堅定、果敢與真誠的表達。

真正的同理心需要界線

與自己的身心建立連結後，能讓我們擁有更深刻的同理心，因為大腦不再忙於尋求安全感、陷入過度警戒。在療癒討好反應的過程中，我們會不斷磨練一種辨識能力：**這是我的情緒嗎？還是我正在為別人背負情緒？**

在討好反應中，我們感受他人的情緒，理解他人的處境，卻犧牲了自我感知。討好讓我們與環境及周遭的人糾纏不清：他人的憤怒變成了我們的憤怒，他人的焦慮成了我們的焦慮。療癒討好反應，意味著穩穩地立足於自己的內在經驗，清楚辨認出哪些是自己的責任，哪些是我們無法掌控的部分。

危機是對界線的考驗

史黛西床頭的手機震動著。她迷迷糊糊地拿起手機，望向刺眼的螢幕：伊森——她弟弟。她心裡猛然一沉，腦中立刻浮現各種她所能想到最糟糕的情境。

「伊森？」

「史黛西，幫幫我。」他聲音顫抖，「我上個月失業了，現在付不出房租。明天之前要是拿不出來，房東就要把我趕出去。」

「你怎麼現在才跟我說？」她看了看時鐘，凌晨三點半。「算了，你需要多少？」

她立刻把錢轉帳給弟弟，看著錢從自己的銀行帳戶裡流出，史黛西仍忍不住皺起眉頭。她自食其力，只能勉強維持生計，手頭並不寬裕。

「謝謝你，史黛西。我保證會還錢。」他說。她知道這筆錢可能有去無回（他從來沒還錢），但她還是對他說了聲謝謝。

晤談時，史黛西描述自己整晚輾轉難眠，擔心伊森，也擔心如果他繼續開口要錢，自己該怎麼辦。

當我們身陷危機時——無論是發生在自己身上，或是支持他人走過他們的風暴——我們往往沒有時間停下來反思、評估自己的需求。這很正常：我們的身體正專注於因應眼前的急難。危機感自然會讓我們切斷與自我的連結，因為它迫使我們進入必要的生存模式；即使在日常生活中，你早已停止對某些人這樣做，但你仍有可能因為危機而再次陷於討好反應。一旦危機過去，你就能回到自己，處理那些發生過的事，並給予當時無法獲得容納的情緒與需求一個安放的空間。

危機過後，史黛西感受到一連串複雜的情緒。她為伊森沒有早點開口求助而憤怒，也對家裡其他人沒有伸手幫忙心生怨恨，接著又因為自己的憤怒與怨恨感到內疚。她當然想幫助弟弟，但她同時也得照顧自己。她很清楚，若要長期支持弟弟，她得先清楚知道自己能付出多少；如果一直這麼毫無節制地付出與奉獻，自己總有一天會撐不住，屆時也將失去所有的同理心。

晤談時，我們一起思考的問題是：**在走到怨恨這一步前，我願意並能付出多少？我該如何在支持弟弟的同時照顧好自己？未來面對類似情況時，我需要在自己與弟弟之間設下哪些界線？**

危機已過，史黛西需要安撫那個驚慌失措、急於拯救弟弟的自己。這代表她必須更細緻地覺察自己的情緒與需求，誠實面對自我，想想自己在現實與情感層面上究竟還能付出多少。這也意味著她必須要求弟弟對她更坦白，並請家中其他成員共同承擔責任，讓她不必再獨自面對一切。

史黛西這輩子都在扮演家裡那個「負責任的人」。沒有人會主動提供幫助，因為大家都預設她會處理一切，她也就真的就這麼一直硬撐，使得這個循環不停重複，而她早已筋疲力盡，再也無法承擔這個角色，至少無法獨自承擔。

一個月後，史黛西看到弟弟的未接來電。他一向只在需要錢的時候才會連絡她，所以她知道自己要面對什麼麻煩。儘管才剛醒來，她還是察覺到自己有種想立刻回電、解決問題的衝動，但她正打算出門跑步，於是她把手機放下，選擇先照顧自己的需要。運動結束後再回電給弟弟——毫不意外，他又開口借錢。她深吸一口氣，輕聲提醒自己：她有權設下界線，並堅持她早已決定好的金額。她想幫助他，而她能做到的就只有這樣。要是弟弟知道她的決定，一定會感到失望，這令她不免焦慮，畢竟這對弟弟來說永遠不夠。

「我知道你原本期待拿到更多，但我現在只能給這麼多。」她溫柔地說。她感覺得到胸口翻騰的焦慮：**這就是焦慮**。**我已經做得夠多了**。她很想再次開口說教，再次提醒他要學會規畫預算，但她也知道，這些話她早就說過幾百次了，但他從沒真正聽進去；每次試圖讓他明白，都只會讓自己更生氣。她再度深吸一口氣，提醒自己：「我已經盡力而為，這樣就夠了。」焦慮、罪惡感與憤怒依然一波波襲來，但她不再被這些情緒吞沒，也不再像過去那樣被一通電話打亂整天的生活節奏。

對史黛西來說，擺脫自小扮演的角色並不容易。剛開始，改變自己的行為讓她疲憊，因為她必須不斷抵抗做出習慣行為的衝動。如今，她必須忍受不再把事情攬在身上，或乾脆袖手旁觀、不去想結果如何，並承受「不念手足之情」的不適與壓力。但史黛西很清楚，繼續扮演父母的角色直到生命結束，對她的身心而言已不堪負荷。這一次，她的處理方式奏效了，她也明白自己的需求與能力在未來可能會改變。她需要重新評估姊弟倆的關係，儘管這個過程並不好受，但她知道自己有權改變想法，這讓她覺得自己更有力量。

當我們以同理心之名行討好之實時，很快就會招致對這段關係的怨恨，尤其是那些對我們有所求的人。沒有界線的同理心很容易變成自我背叛。我們可以對別人的痛苦與創傷抱持同理，同時也不忘守護自己，認識並尊重自己的需求。我們可以理解他人行為背後的原因，感受他們曾經歷的傷痛，卻不必容忍那些傷害。我們可以感激對方願意道歉，也可以決定不再繼續與對方維持關係。**同理心不等於過度付出，而是來自持續的關懷**。我相信，當我們真正與自我保持連結時，愛（而非恐懼）才是最自然的狀態。療癒能幫助我們回歸最自然的存在方式。因此，療癒討好反應只會讓我們更接近愛，進而從愛出發，以真誠的方式展開行動。

怨恨的力量

開始設立界線時，怨恨是最需要注意的情緒。留意腦中何時開始出現莫名的爭吵，這通常是某項需求未獲得滿足或有些事情需要被看見，不論關於自己或他人。當你感受到身體裡的怨恨時，不妨使用「NICER練習」做為覺察工具：注意它的出現、邀請它留下來、對它保持好奇，並以接納的心擁抱它，允許一切如其所是。在自我探詢的過程中，你可以問自己這些問題：

- 是什麼觸發了這分怨恨？
- 我的某些需求是否並未獲得滿足？
- 如果我不擔心讓對方失望，我會想在這個情境中設下什麼界線？
- 考量到具體情況，我能在這個情境中設下什麼樣的界線？

設定界線即是療癒的一環

界線不是為了控制他人行為，也不是為了讓對方改變。設立界線不需要對方做出任何改變，因為界線是你為了自己設下的，不是為了別人。你所決定的是「自己要怎麼做」，而不是「要對方怎麼做」。與其說「別這樣跟我說話」，更符合界線的表達方式是：「等你不再大聲說話時，我再繼續和你對話。」或是：「對話的時候，只要你提高了音量，我就會離開這個房間。」

與其告訴對方「別在我上班的時候打電話來」，符合界線的表達是：「我必須告訴你，就算你想在上班時間打電話給我，我還是要等到午休時間才有辦法回電。」或是：「我上班時無法接電話，因為我需要專心工作。」

設立界線，其實就是向對方表明：「這就是我，這是我所重視的，這是我目前能做到的。」

設立界線的目的，是為了讓我們內心感到更加平靜，而不是為了迴避與他人的衝突，也不是為了操控他人。

我們很難用一般性的詞語來討論界線，因為每段關係、每種情境、每種文化都有不同形式的界線。你在職場上設立界線的方式，很可能不同於與摯友之間。你和家人的文化背景，也會影響你所能設定界線的程度。因為每種情境都不同，設立界線的練習需要你專注於內在感受。要知道，只有你自己才了解，在什麼情境中的何種界線適合你。釐清哪些界線適合用在哪些環境、文化或關係裡，這個過程本身就是療癒的一環，因為它迫使我們轉向內在，信任自己該說什麼、該做什麼，而不是依賴外在指引。

設立並維持界線的三項要素包括：

一、辨認自己的感受與需求（內在）。

暫停一下，轉向內在，問問自己：現在浮現出現的是什麼情緒？如果我有權決定，我會想怎麼做？考量這段關係的現況，我實際上該怎麼做？

二、溝通並表達自己的需求（外在）。

用真實且貼近自己的方式表達。練習以清楚簡潔的語句傳達，避免使用過於討好或輕描淡寫的方式（例如：「這樣你可以嗎？如果不行也沒關係！」、「對不起打擾你了。」、「我真是個麻煩……」）。

三、維持界線（內外兼具）。

當類似情況再次發生時，只要自己的感受依然相同，就持續維持這條界線，並保持一致性。

別人可能不喜歡你的界線

沒有能力為自己設立界線的人，可能會對你設下的界線感到不安與反感。沒關係，人們是否能尊重並理解你的界線，往往取決於他們能否這樣對待自己的界線。你不需要為他們的情緒負責，也無法控制那些情緒；意思是，你無法掌控他人對你設立界線的反應。如果一個人還沒準備好做出改變，沒有人能強迫他改變。你唯一能掌握的，只有你的反應、你的界線和你願意與誰共度時光。

辨識並尊重自己的需求會讓他人覺得不舒服，這很正常，也很合理。但即使這麼做很困難且不自在，也不代表你做錯了。每當你選擇尊重自己的需求，並意識到自己依然很安全時（即使有人感到失望，你仍安全無虞），就是在對身體、對那個感到恐懼且想自我保護的內在部分證明：這麼做是對的，你不再需要害怕這種情境。

有人抗拒你所設下的界線，不代表你失敗了。能忍受讓他人失望所帶來的不適，是成功設定界線的一部分。那些認為你「自私」或試圖反擊的人，往往也是不懂得設立與尊重界線的人，而且他們本來就打算越界。他們當然可以表達自己的感受，透過分享開啟有意義的對話，但你不需要為他們的不適負責。

關鍵在於維持界線

無論任何情境或關係，設立界線最重要的是第三步：維持界線。我最近聽到一句話：「維持界線不會導致結果的發生，卻會加速結果的到來。」這句話的意思是：我們對界線的堅持，有助於揭露關係中早就存在的真相，讓我們更快認清事實。

實際上，即使別人對我們的界線感到失望，或不明白我們為什麼要這麼做，一致性仍能讓人感到安穩。我們和孩子沒什麼不同，總是渴望獲得穩定一致的回應。想像一下，一位母親每晚六點會對孩子說：「寶貝，該把電視關掉囉。我現在要把遙控器收走，這樣我們就能一起放鬆一下。」孩子的回應絕對不可能是：「媽媽，我完全理解你的用意！謝謝你當個好父母。」孩子會哀號、抗議、懇求媽媽再給五分鐘。當父母始終如一地堅守這條界線時，他們對孩子傳遞的訊息其實是：「我是穩定、可靠的力量。你在我身邊是安全的。我的情緒不會反覆無常。」

父母之所以能這麼做，是因為他們已經做好準備，接納孩子因為不喜歡這條界線而產生的不適。他們或許會說：「我知道，寶貝，我理解。中斷一件讓人快樂的事情真的不容易。但現在是我們一起放鬆的時間。」

知道對方是什麼樣的人、預期他們會做出什麼回應，是件令人安心的事。這並不表示你不能改變主意，也不表示你在某天晚上拒絕了聚會，就必須為了一致性而天天拒絕所有邀約。這意味著你清楚自己的需求與感受。即使情緒會起伏、決定會改變，只要你能持續用清楚、誠實、直接的方式溝通，這分一致性就會長存。當你在關係中展現出這樣的穩定與坦率，也許短期內會帶來不適，但從長遠的角度來看，可以減少焦慮與緊張，因為彼此都知道自己所在的位置。

界線是建立連結的邀請

蘿倫剛從大學畢業，搬到一個陌生的地方，正努力以社會新鮮人的身分探索人生方向。她一邊嘗試建立新的關係，一邊不忘維繫與家人和舊友的情誼，同時還要面對新生活帶來的挑戰。

但新生活中最大的衝突根源，是她的母親。當蘿倫一個人努力適應忙碌的生活時，她感受到來自母親的壓力，在節日時尤其明顯。

蘿倫決定聖誕節時回家，但不打算回去過感恩節。主要是機票太貴，兩個節日又很相近，兩趟旅程想必很累人，加上她有一份全職工作，很希望能在假期時好好休息一下。蘿倫告訴母親自己的計畫，也坦承自己其實也有點失望。但母親的反應卻很消極且帶有敵意：「好吧，回家大概是世界上最糟的事。」

蘿倫很沮喪。她覺得母親誤解了她，彷彿她所做的努力（在聖誕節飛回家）根本不夠。

人生的全新階段才開始，蘿倫正努力想告訴母親自己目前能力所及的事。她真心想在聖誕節回家，也期待與母親團聚；但她也清楚地知道，如果感恩節和聖誕節都搭機回家，對她而言負擔太過沉重，最後只會讓自己心生怨恨。選擇只在聖誕節回家，是在向母親傳遞「我想見你，也為見到你而感到開心，這就是我今年做得到的事」的訊息。

然而，蘿倫的母親依舊緊抓著過去的節日傳統，期待它們能延續到蘿倫長大成人之後。她覺得女兒的安排代表不想回家，或是不再愛她，又或者她們之間出了什麼問題。

母親覺得失望，蘿倫感到挫折，兩人都不開心，也各自懷抱著怨恨。

這場誤解源自於設定界線的動機。當母親意識到蘿倫的態度是誠實而非逃避時，便逐漸放下原本的期待，轉而尊重蘿倫的需求。相對的，蘿倫也變得不那麼防備，並且感到安心，相信自己所能給予的已經足夠。

當我們能理解他人設定界線背後的意義是對自身需求的表達時，我們就有機會更接近彼此、加深理解、減少怨恨。

把「不」加進你的字典裡

「怎麼沒人事先告訴我，有了小孩之後，會有參加不完的生日派對？」娜歐蜜搖著頭，雙手掩面，準備連續四個週末參加孩子同學的生日派對。

「為什麼這群孩子全在九月出生？」

「如果你不去參加這些派對會如何？」我問她。

她抬起臉，從指縫間望著我，「我可以這麼做嗎？」

有多少次，當別人開口請你做某件事時，你的身體立刻湧現一股難以言喻的反感？你掙扎著要不要懷著罪惡感拒絕對方；或是絞盡腦汁想出幾個「善意的謊言」，好讓自己脫身；又或者你最後還是勉強自己答應，卻心不甘情不願。（說到善意的謊言，在一段健康的關係裡，若你為了維持界線而選擇不誠實，只會讓人筋疲力盡，因為你得不斷記住自己說過哪些謊。）

我希望你能把「不」加入你的字典裡。說「不」的另一端，是你對自己的信任，一段真正讓你覺得自在的人生。

娜歐蜜最後真的選擇這麼做。她和丈夫好好討論過，兩人很快達成共識：忙碌的週末行程讓他們覺得彼此疏遠，一家四口需要一些安靜相處的時光，他們也需要重新找回那分親密感。當然，她也覺得內疚（「我沒有參加所有派對，這是不是代表我是個不稱職的母親？」），但後來她意識到：對一家人來說，最重要的是自己的身心安頓與家庭幸福。倘若總是勉強自己、壓榨家人，只為了滿足外界的期待，心裡又充滿怨恨，對家人來說沒有任何好處。後來，她選擇只參加少數生日派對，而不是全部，並帶著孩子們參與選擇的過程。這實際上是在為他們樹立榜樣：設立健康的界線是允許的。筋疲力盡時，允許自己對某些事說「不」，就能為其他重要的事騰出空間。對娜歐蜜及家人來說，這代表更多的家庭時光，更緊密的關係與愛。

我應該去嗎？

我們可以練習用身體（其實就是頸部以下）感受自己對「是」或「否」的反應。由於身體無法分辨想像與真實的差別，所以請閉上眼睛，盡可能具體在腦中描繪不同的選擇與其情境，並讓身體感受這個選項會帶來喜悅，還是讓人感到沉重？它會讓身體覺得緊繃，還是放鬆？

在下一章，我們將進一步探討如何幫助人們放下「對／錯」這種非黑即白的信念。有些決定沒有對錯，每個選項都會帶領我們走向不同的體驗。

忠於自我

「外面的世界太殘酷了。」艾兒說。

快三十歲的她渴望尋覓一段愛情，一個能讓她感到安全的長期伴侶與摯友。在過去的戀情與「好像快要成為戀情」的曖昧關係中，她發現自己總是一味退讓、迎合每個男人的需求。例如，她說自己喜歡搖滾樂，儘管震耳欲聾的音樂讓她頭痛；她說自己愛吃炸馬芝拉起司條，儘管她有乳糖不耐症。性愛也是如此，她讓對方主導一切，而她幾乎不曾停下來思考，自己想要什麼？什麼才能讓自己感覺舒服？她的心裡始終有個念頭：「只要我變成他想要的樣子，也許他就會留下來。」

如今，她厭倦了這一切。在諮商過程中，艾兒逐漸意識到，她其實非常討厭在第一次約會時就與對方上床，因為她渴望的是一位能共度人生的伴侶，一個真正尊重她意願的人。她了解堅定表達自己的界線，其實是一種蒐集資訊的方式，幫助自己判斷：這個人會不會尊重我和我的身體？

上週末，她和一個男孩約會，對方的反應讓她不禁在心裡大喊：「拜託，怎麼又這樣……」

「以前我會因為渴望被別人需要而鬆動自己的底線。但我記得你說過：我未來的丈夫會這樣對我嗎？不，他不會。我未來的丈夫不會用罪惡感逼我和他發生親密關係。謝謝你，下一個會更好！」她說。

界線不只是取消週五晚上的計畫，它關乎重新掌握自己的人生主導權，包括時間、金錢、精力、身體。要做到這一點，你必須清楚了解自己的需求、價值與優先順序，並忠於它們。

學習「往後靠」

我們在練習對他人設立界線的同時，也是在對自己劃定界線。

在職場上，莉蒂亞是小組裡唯一的女性。每週的小組會議上，每當有人問：「有沒有人願意做會議紀錄？」全場總是一片靜默。照例，莉蒂亞會心不甘情不願地舉起手，在記錄同事發言的同時，心裡也充滿了怨恨。這種情緒也延伸到她的私人生活。即使正在處理重要的事，一旦電話響起，她還是會接起來，因為她不想讓任何人等待，怕對方不高興；她甚至會主動傳訊給那些其實沒那麼想碰面的人，只因為她害怕，倘若對方不再對她感興趣，她就會遭到冷落和遺棄。

在諮商過程中，我們談到了一種我稱之為「往後靠」的練習。這是一種細微的內在轉變，外人可能完全察覺不到。在那些習慣過度付出、自願承擔、試圖證明自己的時刻，請試著往後靠——想像這裡有一張舒適的沙發，坐下來，背部往後靠，放鬆自在——慢下來，問問自己：我為什麼要做這件事？

「往後靠」不代表你忽視責任，而是不必在不需要的時候白白消耗精力。你只是用舒服的姿勢稍微放鬆自己，不是轉身離場。

後來，莉蒂亞不再第一個舉手自願做會議紀錄，這讓小組裡的男同事們開始站出來承擔責任；她也開始放下「非得立刻回覆簡訊和電話」的急迫感，並驚訝地發現，沒人在意這一切，甚至沒人察覺。莉蒂亞逐漸明白，所謂的「往後靠」練習，其實就是把過去用在其他地方的精力拿來用在自己身上。

我相信，當你讀完這本書時，你的「往後靠」將更能發揮作用，讓你更自在地面對一切。

對於習慣討好的我們而言，問題從來不是做得不夠，而在於安頓自己。

嶄新之事令人心生愧疚

正如第 5 章提過的，罪惡感會在行為偏離個人價值或標準時出現。就像你對客服人員發完脾氣後感到內疚，因為對一個努力幫助你的人生氣，不符合你的價值觀，這就是罪惡感。在這個情境裡，它的出現是合適的。

罪惡感是一種能提供協助的情緒，它促使我們反思：我為什麼會出現這種反應？是什麼原因導致我這麼做？我該如何管控自己的反應？

界線所引發的罪惡感則有些不同。身為慣性討好者，一看到別人感到失落或不舒服，很容易立刻歸咎於自己。比方說，當你告訴朋友「我今晚不喝酒」時，他們立刻表現出失望的樣子，並勸你改變主意。於是你心生愧疚：「我是不是毀了他們的夜晚？我是不是太掃興了？」又或者，你那脾氣暴躁的父母在電話裡對你咆哮，你對他們說，如果他們再繼續這樣大吼，你就會掛電話。不料他們的情緒反而因此更加激動。於是你開始責備自己：「他們在生我的氣。我是不是太計較了？」當我們設下界線，忠於自己，而他人對此產生反應時，那分不適往往像是罪惡感——但真是這樣嗎？你是否因此違背了自己的價值觀？

當你設立一道界線，不論這界線是新的，還是早已存在，罪惡感幾乎立刻隨之而來。這種反應很正常。罪惡感的出現，不代表你做錯了事，它只是提醒你：你正在做一件全新的事。

你心想：那個害怕、年幼、防衛性的內在部分出現了，他正拚命想保護我、讓我覺得自己安全無虞。**嗨，你好，謝謝你一直幫我。但你看，我只是設下了一道界線，並不是發生了什麼壞事；我還在這裡，我們依然很安全。我可以只是靜**

靜覺察這分罪惡感出現，並知道我能承受它帶來的短暫不適。

無論如何，我們所面對的都是不舒服的感覺。你會選擇忍受短暫不適，勇敢設立界線？還是長期壓抑自己的需求，任由怨恨在心裡熊熊燃燒？

難以設定界線時

在某些關係或情境裡，要設定界線真的非常困難。儘管你常想對老闆說：「我現在真的沒有餘力做這件事。」但你也知道，這麼說的結果很可能會對飯碗造成威脅。設立界線，不代表不切實際，也不代表我們能隨心所欲、為所欲為。維持社會互動常規與討好反應之間只有一線之隔，我們可以用以下這個問題做為辨識：**對你來說，什麼是真正必要之事？**

假設有些同事總是讓你煩躁不已，你也完全不想跟對方建立工作以外的關係，但他們幾乎都每天邀你一起吃午餐。每當他們走向你的辦公桌時，你總是會擠出一句：「好啊！」因為你知道你還是需要和他們維持同事間的友好關係。不過真的有必要這麼頻繁嗎？這時候，或許可以這樣設定界線：每週或每兩週和他們共進一次午餐，並把這樣的安排固定在行事曆上。你可以問問自己：「我真正該做的是什麼？我在哪些地方出現不必要的討好？」

當你無法以理想的方式設定界線時，你仍可利用「NICER練習」認清自己當下的感受，即使當下你無法向外界表達出來。

比方說，主管寄來一封極度不尊重的電子郵件，還把副本寄給他的上司，你立刻覺得自己變成箭靶。你只是不小心寫錯了某個專案的截止日，但主管的語氣卻讓你恨不得立刻買張單程機票，飛往一個沒有人類和網路的國度：「為了確保我們認知一致，我們來確認一下現在是哪一年，好嗎？我想確定我們看的是同一份行事曆……」

你知道你無法為自己辯解，也無計可施，但坐在辦公桌前的你，可以讓自己稍做暫停，運用「NICER練習」，**覺察**自己此刻的情緒正在升高。把手從鍵盤上移開，**邀請**這分情緒來到身邊：「你可以留在這裡，沒關係。」接著，你帶著**好奇心**問自己：「這是怎麼回事？我現在的感受是什麼？是憤怒、羞愧，還是恐懼？」你慢慢了解，這是羞愧——你為自己遭到公開指責而感到羞愧，害怕「惹上麻煩」的恐懼正全速啟動。「好，這是羞愧。」即使此刻你無能為力，你仍能選擇**擁抱**這分羞愧，靜靜對它說：「不要緊，羞愧。你是安全的。儘管有些不舒服，但並不危險。」然後你**回到當下**，體驗此時此刻的真實：感受腹部的呼吸起伏，並提醒自己：你仍保有這份工作，沒有人炒你魷魚。

這整個過程的目的不在於「修正」羞愧感，也不是要消除它，而是讓它有容身之處，讓它不再遭到壓抑與忽略，否則它只會在體內一再累積。

從安全的小事開始

讀到這裡，你應該已經了解：當我們開始全新的嘗試時，恐懼之所以升高，單純只是因為「陌生」。這正是為什麼我們需要緩步前進，一次一點點，如此一來，儘管每個步伐都有可能帶來些微不適，卻不至於讓身體感受到危險。

在練習誠實說「不」、設定界線的旅程中，不妨從最親近、最能讓你感受到安全的人開始，練習對他們表達自己的需求；或是從風險較低的情境開始，無論你所認為的「低風險」是什麼。你可以告訴好友：「我今天只能聊三十分鐘。」

或是告訴伴侶：「我很渴望我們之間能有一段高品質、一對一的相處時間。」也可以對你在工作上最信任的同事說：「我不太想每天都去轉角那家其實很普通的餐廳用餐，因為我想節省開銷。」

這些低風險情境也包括那些適時與合理為自己發聲的時刻。比方說：餐廳出錯餐時，你可以友善地告知店員，讓他們有機會修正；如果心理師不像你所期望的那樣提供明確指引，你可以回饋意見，表達你希望獲得更多不同方向的指導；如果你正在接受按摩服務，希望按摩師的力道能更輕或更重一點，不妨勇敢說出來。換句話說，這些都是你練習辨識自己需求並為之發聲的機會，而且這些情境本來就鼓勵，甚至期待你提出回饋。

每次你這麼做，都是在向內在恐懼的自己證明「我可以為自己的需求發聲，而且依然是安全的」，並在過程中重新建立對自己的信任。越常練習說出自己的需求，對自己的信任就會越穩固，表達需求這件事也會變得越來越輕鬆自在。

反思提問

一、你曾在哪些經驗中學到，想要獲得愛，就得做得更多、付出更多？

二、你是否曾在某個領域或某段關係裡心生怨恨？怨恨背後是否有什麼需求遭到忽視？

三、如果你開始練習在該領域或關係中設定界線，你覺得情況會如何？

我尊重自己的需求，
並以關懷之心傳達它們。
我不需要為他人的情緒負責。

第 10 章

你是誰？（對，就是你）

重新認識那個
早已失去連結的你

我不知道自己是誰

高中最後一年的全校集會上，學校邀請我和幾位同學分享這幾年來對自己的認識。多數同學在發言中公開宣告他們的畢生志向，比如有人說他從四歲半起就知道自己將來要當地質學家。輪到我時，我滔滔不絕講述自己有時會感受到生命中短暫的熱情，但仍不確定自己將來的志向，老師們似乎顯得坐立難安。

順帶一提，我至今仍支持那個十七歲的自己。「你太棒了，女孩！認為人一生只能走一條路的想法早就過時。」但當年我之所以不願在某些事物上插旗或宣示志向，並不是因為我有多成熟或意識到自己還有很多東西要學，而是因為當時的我完全與自己的內在斷了連結。

如果你從小就陷在討好反應裡，那麼在生命旅程中感覺落後他人，或直到成年才開始真正認識自己，都是再正常不過的事。因為當你努力求生、取悅他人時，同齡的其他人可能已在探索與發展自我。如果你在挑剔、控制欲強或情緒不成熟的照顧者身邊長大，那麼他們在自己的需求之外，很可能並沒有留下空間讓你探索自己真正喜歡做的事情。如果你很早就知道，自己的「角色」就是讓其他人開心，但要是你做讓自己開心的事，別人就會不開心，致使你陷入不安，那麼你很可能會把那些自己真正感興趣的事放在一邊，轉而去做那些照顧者希望你做的事，或是能贏得社會認可與讚許的事。倘若一直持續這種模式，你很可能永遠無緣遇見那個真正的「自己」。

沒有機會認識自己，是討好反應中經常被忽視的影響，因為它很容易被掩蓋起來。這種失落感和斷裂感是很難被外界發現的。如果你走在一條社會「認可」的道路上，那麼即使你默默承受痛苦，也不會有人察覺。許多人並沒有意識到自己一直在討好，因為這種做法的確很有效，讓他們獲得了所謂的「成功」，使得這個循環不斷重複。但無論幾歲，重新與真正的自我建立關係永不嫌晚。

自我信任

從二十歲到三十歲，我將治療師、老師和靈性導師奉若神明，一心認為只要我夠努力，就會找到那個握有黃金鑰匙的人，能一眼就看穿我哪裡出了問題。我的痛苦將煙消雲散，我再也不會長痘痘，一切都會變得有條不紊、清清楚楚。

我花了將近十年，才明白原來我不斷向他人尋求的智慧，其實就是重新認識我早已遺忘的自己。我曾把別人對我的看法放在自己的感受之上，如今我終於明白：我可以信任自己。我相信並沒有什麼神祕的真相等著被揭露——這樣的理解來自於專注傾聽並尊重內心的感受。生命不是一個有待解決或理解的難題，而是一段用心體驗的旅程。我不再需要外界的認可來引導自己做出選擇，傾聽內在的聲音才能真正帶來安全感。

對於習慣討好的人來說，如今的數位世界強化了透過外界判斷自己是否夠好的傾向。人們在社群媒體上公開自己的生活、容貌與內在，彷彿在說：「我把自己呈現給你看，由你來判斷我值不值得獲得肯定。」我們總是先往外看，再回頭看向內在；先問別人的意見，而不是先問自己的想法。但隨著療癒的逐漸深入，你對外界認可的渴望會越來越少，因為你不再需要別人告訴你：「你夠好了。」你會感受到自己的存在本就彌足珍貴。

在討好他人這麼多年後，重新與自己建立連結的練習裡，包括緩慢修復自我信任的能力。你可以透過以下問題進行探索：

- 沒有人看著我時，我是誰？
- 當我不再試圖取悅或討好任何人時，我的性格是什麼？
- 如果我無法向任何人訴說，也沒有外界的評價與目光，我真正想要的人生會是什麼模樣？

「完美自我」的幻想

當我決定念研究所時，我發現自己有種想「快轉」的衝動：只要撐過這幾年，人生就能重新開始，好像接下來的時光是必須忍耐，而非值得享受的；只想快點度過，而非沉浸其中。我們的內在經常如此運作：它讓我們相信，一旦發生特定事件，人生就會真正展開，到那時，我們才會對自己滿意，也才終於能活在當下，感受那些微小卻真實的喜悅時刻。

好吧，我總是跟內在的聲音討價還價。我知道，接下來你會告訴我，等我拿到治療師執照後，人生就會真正開始。等到我來到三十歲，你又會找出別的理由拖延我，像是我得買間房子、生個小孩，然後我才「夠格」活在這個世上。

我們的內在總喜歡編織「一切終將完美」的幻想，而這種傾向往往在童年就已開始。心理學家琳賽．吉普森在著作《假性孤兒》中稱這種現象稱為「療癒幻想」。當孩子無法與照顧者建立深刻且穩定的情感連結時，經常會在內心創造一個浪漫而充滿希望的故事，好撫慰他們的不快樂、孤單與痛苦。這個幻想的核心多半是改變自己，讓自己變得夠好，以換取父母的關愛：如果我更有魅力、更聰明、更擅長運動，也許爸媽就會更在乎我，我們就能更加親近。有時，這些療癒幻想會轉向外界，想像名利成就能讓自己獲得應有的關注與無條件的愛。這些幻想並沒有錯，它們其實是一種自我保護，是孩子在痛苦現實中創造出來的窗口，提供通往其他世界的另一種可能。

長大成人後，我們仍在潛意識中緊緊抓住這些療癒幻想，並期待它們有朝一日會成真。我們可能不自覺地相信：只要變得更有錢、更有名、更有權、更有魅力，或是整個人脫胎換骨，人們就會給予我們那些從小渴望卻未曾得到的關愛。又或者，我們相信只要找到或被所謂的「完美伴侶」拯救，他們就能療癒我們此生的孤寂。發現內在執著於療癒幻想時，我們可以輕聲問自己：「我在現實中缺少了什麼，才會希望透過這個幻想去彌補？」

內在總是渴望得到更多，並不表示我們不該為了未來的自己努力改善當下的生活，而是在努力之餘，我們也必須學會接納並感受當下的一切。

我們並非在等待人生展開：它就在這裡。就在此刻。接納當下的自己。

完美的代價

茱莉亞告訴我，她的日記是創意的墳場。白天，她在一家新創公司工作，幫助別人實現想法；晚上，她構思自己的創作計畫，卻總是在開始前就將它們扼殺。

「我有好多話想說，有好多東西想分享、想創作，可是一想到要實現這些想法，就覺得壓力好大，最後一事無成。」她告訴我。

只要不去嘗試，就沒有壓力，就不必面對失敗，也不會被看到不完美的這一面。恐懼編織出許多幻想，讓我們誤以為困在不安裡才是真正的「舒適圈」，才是最安全的選擇。

只要將自己的想法深藏在日記裡，茱莉亞就不必面對內心的不安。她是在保護自己，免於內在的嚴厲批評與伴隨著嘗試新事物而來的不適。

完美主義是自我探索的最大敵人。

請記得，完美主義的背後，是自我對於被看見、評價、批評和拒絕的恐懼，同時也害怕讓人失望，害怕被視為不完美。

恐懼所發出的聲音往往令人不知所措，因為它會找出千百個理由阻止你行動，甚至讓你分不清自己真正想要的是什麼。若想辨別自己是否正被恐懼牽引，不妨問問自己：**如果最好的結果真的實現了，最壞的情況也沒有發生，我還會想做這件事嗎？**

焦慮與直覺

大學時，我遇見了我先生，當時我們都是十九歲。一位摯友介紹我們認識，接著我們握手寒暄了幾分鐘。回到宿舍後，我打電話給媽媽：「我剛剛遇見了我未來的老公。」我不是在開玩笑。這段故事之所以變成佳話，是因為我的直覺當真應驗。

打從一開始，他身上就帶有一種無法言喻的安穩與安全感，那是我從未在任何人身上體驗過的特質。我畢生渴望「家」的感覺，卻從未真正感受過，這種只曾在內心短暫浮現過的歸屬感，如今卻能在他身上感受到。我們在一起的十年裡，他從未對我大吼，從未控制我的一言一行，從未讓我感到不安，也從未把我視為低他一等的人。年輕時有機會遇見他，讓我對於原來這樣的歸屬感真的可以在另一個人身上實現感到難以置信，也不敢相信自己竟配得上這樣的愛。我曾以為，若想擁有健全的愛，就必須先找個地方躲起來，直到「完全痊癒」後，才有資格被愛。

沒有什麼比一段全新的關係更能揭露那些尚未處理的創傷。我腦中那個小小的聲音不斷低語：「他一定會背叛你。你對他來說是破碎不完整的。別相信他。他遲早會變成你無法想像的模樣——你等著看吧。」

這是我這輩子第一次辨認出內在直覺的聲音（「這個人很安全，你也是。」）與焦慮的聲音（「還不快逃！別相信任何人！」）。我之所以能夠辨認出它們，是因為這兩個聲音完全相悖；而我從未對一件事如此篤定，也從未感到如此深刻的恐懼。

我不想讓焦慮的聲音掌控一切，毀掉這段關係。夜裡，我坐在床上，靠著牆（牆上有張掛毯，絕對是火災隱患），寫下一頁又一頁的焦慮，讓自己隔著一段距離審視它們。雖然當時我還不懂得正式的靜心練習，但寫日記成了我培養覺察自我的開端。那是我人生第一次意識到：我可以感到恐懼，但並不代表那些來自恐懼的念頭是真實的。

他帶給我的安全感反倒令我不安，這是因為那對我來說是全然陌生的感覺。直覺一直都在，等著被我們發現。在那段日子裡，我的直覺只是微弱的火苗，幾乎被充滿恐懼的內在部分悶熄，但它依然存在。我不認為直覺是建構出來的，而是我們與生俱來的本質，早就在那裡，等著我們去發掘。

「好吧，我要怎麼聽見我的直覺？」這是人們經常問我的問題。「快告訴我，我該怎麼認識自己！」事實上，與自己的直覺連結不需要這麼用力，它邀請我們慢下腳步、放鬆身心、靜靜聆聽。回到當下就是第一步。與直覺連結就像收下一個需要本人簽收的包裹：你必須在場，在自己的身體裡，存在於當下，才能接收它的訊息。如果你不在，就很有可能錯過直覺傳遞的訊息。

要分辨恐懼與直覺並不容易。我發現，與其專注於想法，關注自身的感覺會更有幫助。焦慮帶來的是不安、緊繃與急迫感；直覺則是平靜、清楚與簡潔。即使直覺做出的決定往往也是困難的決定，仍會給人一種明確的感覺。做為一種生存策略，討好教我們與直覺切斷連結，好讓自己覺得安全。因此，若要重新找回內在的聲音，我們得花點時間，幸好它始終都在。越去練習辨認恐懼與直覺的不同，越容易學會信任自己。與內在世界重新連結、找出那被悶住的火苗永不嫌遲。只要我們還活著，直覺永遠都在。

允許自己持續改變

我在討好模式裡陷得最深的時候，曾以為自己很確定自己是誰；如今我才明白，我根本不了解自己。我以為自己必須成為最終、最成熟的版本，因為如果不是，就代表我不夠完美，這種不完美的感覺讓我恐懼。我以為自己無所不知，他人也必須相信我無所不知。我以為，若自己陷入混亂與矛盾，無法為每件事提出完美的答案，就代表我瀕臨崩潰。我一心想擁有一個穩定的自我形象，這樣就能告訴向世界：「這就是我。」

當我們擁有安全感，就不用花費大把精力去分析我們精心建構的自我形象，也不用費心揣測他人如何看待我們。

我們一直在變化。了解自己，不代表非要執著於當下的自我認知。隨著時間流轉，你的身體會發生變化，這很正常。你的想法可以改變，信念可以改變，需求與感受也能改變。當我們執著於自身那些轉瞬即逝的特質時，就是在阻礙自己蛻變。你並非固定不變的存在：也許昨天的你比較安靜，需要保護自己的內在，不讓外在能量進入；也許今天的你充滿活力，渴望被人群擁抱。也許昨天的你陷入自我懷疑，迅速替自己貼上「缺乏自信」的標籤。但要是你對自己這麼做，並說「這就是我」，就等於關上那扇允許自己改變的門。只要你允許，你的感受與想法就能不斷改變。

接納，讓美好悄然展開

我最後一次喝酒是二十三歲的時候。剛開始戒酒，是因為我發現每次喝完酒後，腦霧、頭痛和疲倦等腦震盪的後遺症會變得更嚴重。至於持續戒酒，則是出於情緒與靈性的轉變。我發生了改變，興趣與優先事項也在改變，而喝酒不再被列入我的生活選項。

我為了自己所做的功課，一步步帶我走向更真實的自我；我也意識到，過去之所以被酒精吸引，其實是為了逃避現實，於是我停止飲酒。雖然當時並不認為自己會永遠滴酒不沾，但在那之後，我確實沒再碰過酒，也難以想像自己會再回頭。儘管我不認為自己曾陷入酒癮，但我清楚知道，只要人生稍有不同，我絕對有可能走上那條路。

當你無條件接納這個獨一無二與不可思議的自己時，美好的事物便會悄然展開。當你清楚知道自己真正的渴望，當某些習慣、某些人、某些情境，開始從你的生命中悄悄離開時，不必感到驚訝。

優先選擇高品質的獨處時光

想與自己建立更深層的關係，你可以有意識地安排高品質的獨處時光。不需要太費心，只要花幾分鐘跟自己聊聊就好，不必拘泥時間長短。獨處時間會因你所處的人生階段有所不同。如果你有年幼的孩子，可以偶爾為自己擠出五分鐘獨處時間；如果現在的生活較有餘裕，你可以把某個週日下午完整地留給自己。不一定非要多久時間才叫「足夠」，只要能對自己產生效果，就算只有短短幾分鐘，也足以滋養內在。獨處時光可以是候診時的片刻，原本你只想滑手機打發時間，但也許你能給自己幾分鐘，坐下來，專注於當下，不受外界噪音的干擾。

給自己一些時間，不去消化過量資訊、不看社群媒體訊息、不聽 podcast 或查看信箱，這樣才能讓你的能量通道保持淨空、遠離噪音，從而聽見內在聲音的低語，這是一種深度的自由。給自己一些空間，我們的大腦不該過度接收關於自己與他人的資訊。

正是在這些安靜、獨處的時光裡，充滿創意的想法才能湧入意識，改變了我的職涯方向，讓我感受到難以言喻的連結，彷彿與周遭萬物合而為一。

身為一個過度獨立的人，我對獨處並不陌生，但這種獨處是不同的，因為我在其中全然與自己同在，而不是忽視自己。過度獨立意味著情感上的孤獨，拒絕與他人連結；儘管渴望情感上的親密，卻也畏懼擁有。孤獨和獨處不同，長期當個獨行俠會限制我們的成長，讓我們無法接觸那些早就學會隱藏的自我。對慣於討好者來說，潛意識裡常有兩種極端的信念：要不就是捨棄自己，才能在這個世界找到歸屬；要不就捨棄世界，才能在內在找到安身之所。

確實，當我們能拓展自己的能力，不管在人際關係裡或整個世界都能覺得自在時，真正深層的療癒才會發生。療癒過度獨立並不代表我們要倒向另一端，每分每秒都被人群包圍，而是我們是否察知自己真正的需求，在高品質的獨處時間與帶來滋養的親密相處之間找到平衡。高品質的獨處並不表示排斥與他人建立關係，能帶來滋養的親密相處也不會耗盡我們的精力，兩者互為助益，都會邀請我們回到自身，擁有歸屬感。

有趣的是，正是在高品質的獨處中，我意識到自己並不想遠離世界，也想與他人之間建立親密的情感。的確，什麼都能自給自足讓人覺得安全，但能進入深刻而有意義的關係，得以展現自己混亂與不完美的那一面，感覺更好。在哀悼那些我永遠無法擁有的家庭關係時，內心因破碎而敞開，反倒得以迎接我真正擁有的朋友與家人；儘管這無法抹去悲傷。但我們很容易因為執著於那些缺席者，忽略了實際上支持我們的人。比起關注那些無法滿足我們需求的人，我們可以把注意力轉向那些真正與我們同在的人。

度過高品質獨處時光的方法可以是散步——條件允許的話，在大自然中漫步更好，聆聽四周的聲音，讓內心與腦中浮現的念頭同在，透過感官將自己錨定於當下的環境裡。注意一下自己聽見了什麼，或許是鳥兒吟唱，或許是車輛駛過的聲響。留意雙腳踏在地面的感覺。就算思緒在大腦編造的故事裡迷路也沒關係，盡可能回到當下就好。你也可以在家裡放慢節奏，舒服地泡個澡，或是鋪張墊子、做些伸展；或是找個安靜的角落，點些蠟燭，寫下你想像中的未來人生，描述活在那個現實會是什麼感覺。你也可以鋪條毯子、坐在公園裡，看著天空雲朵悠悠飄過，如同自己的思緒。

撢去白日夢的塵埃

如果你長期處於討好反應或任何形式的生存模式中，白日夢對你來說可能既陌生又遙遠，因為你總是專注於眼前的難關與如何度過當下。過去這幾年，我重新找回了做白日夢的能力，開始能描繪一個符合心之嚮往的未來與現實，因為我終於覺得自己足夠安全，有能力想像「當下」以外的生活。當我允許自己做白日夢時，我並不會執著於細節，因為人心會改變，命運會轉彎，一幅清晰的未來藍圖往往只是虛幻的承諾。我所專注的是想像未來時浮現的感受，並將其視為直覺的低語，是靈魂深處渴望的反映。

當你對別人的人生感到一絲嫉妒時，你可以藉此開啟一扇通往自己夢想的大門。嫉妒是一項訊息，透露出內心的渴望不過是被潛意識裡認為「不可能發生」的信念所掩蓋。不妨試著問自己：你羨慕對方生活中的哪個部分？你渴望在自己的生命裡多出什麼？這個人所展現的生活方式，是否正好是你未來渴望實現的藍圖？

允許自己做白日夢，是與內在小孩重新連結的方式，那是我們心裡稚嫩的部分，曾經充滿好奇，對事事感到驚訝。

想想看，你花了多少精力在腦中排練最糟的情境？這些能量原本能用在其他地方，能用來開啟全新的可能。這真是太浪費了。

回到童年的自己

年歲漸長，我越來越覺得自己像是回到了童年。小時候，最能讓我開心的時刻，總是與大自然、閱讀與那些安靜的活動有關。我依稀記得小學時，每週五最後一節下課鐘響，我就會衝向圖書館，借幾本書陪我度過週末。我會在家門前的草地鋪上野餐墊，一邊仰望星空，一邊幻想其他星球上的外星生命，爸媽則坐在客廳看電視。我經常一個人坐在廚房的餐桌旁，隨著節日到來，做些應景的手作小物，因為創作讓我感受到溫暖。

長期陷入討好反應的日子裡，我與這樣的自己失去了連結。如今，我已將自己的敏感與討好反應劃清界線，我發現那個在自然中找到庇護、珍惜靜謐時光的敏感自我依然存在。對我而言，療癒有很大一部分是回歸那個年幼的自己——那個一直都在的自己，她只是需要有人告訴她：現在沒事了，可以出來了。

凱莉來找我諮商已經兩年，她也表達了類似的感受。她說，小時候經常有人形容她天真爛漫、自由奔放。青少年時期，當父母的關係變得緊張，她也覺得自己逐漸變得緊繃，彷彿她不得不熄滅那點光芒——為了讓這個家不至於瓦解，她必須變得嚴肅、成熟。

如今，三十三歲的她感覺自己開始變得溫柔。個性裡風趣機智的一面重新浮現，衣櫃裡原本只有黑、白和米色的衣服，現在也點綴了一些鮮明跳躍的色彩。她重拾對舞蹈的熱愛，放下「必須跳得完美」的執念。她渴望邀請朋友來家裡參加主題晚餐聚會。這是她從小就想做的事，卻因為害怕同學看到家裡真實的樣子，始終不敢邀同學到家裡。

有趣的是，長大後的療癒和「找回自我」，很多時候就是回到童年時的自己。當時我們還沒受到社會束縛，還沒有人告訴我們必須為「做自己」感到羞愧，還不曾被指責「你的要求太多」。小時候或青少年時期的你喜歡怎麼打發時間？在你還沒被灌輸「不會賺錢的事都是浪費時間」的觀念前，在還沒有人對你說「做飾品就得開網路商店販售才行」、「畫畫就是要接案賺錢」、「學瑜伽就是為了考證照開課」……的想法前，在你還沒被教導「達不到完美就不要去做」之前，那些讓你單純熱愛的事物是什麼？

找回真正的自己從來就不是什麼費力的行動，而是學會傾聽內在那個充滿好奇的聲音，不帶任何壓力與期待。

當我發現自己困在日復一日的平凡瑣事時，我會想像邀請童年的自己共享晚餐，想像她要是看到我如今的生活，會有什麼感受。即使你現在的處境還不是你渴望抵達的終點，但目前的現實生活中，是否藏著過去夢想的片段？這種想像不是為了強迫自己感恩，也不是為了壓抑那些令你難以招架的情緒，而是透過年幼的自己看待你此刻的生活。

暫停片刻，優先信任自己

做決定時，練習先不急著問所有人的意見。

練習先問自己：「我怎麼看這件事？」再請教他人的看法。

練習在急著尋求他人安慰前，先花一點時間與內在的寧靜連結。

每次進行這樣的練習，都是在培養我們對自己的信任。這並非表示我們不該渴望或需要他人的回饋，而是在提醒自己：暫停，審視內心。這麼做不是為了讓自己變得過度獨立，而是為了鞏固與自己的關係，讓它成為認識內心世界，了解個人偏好、渴望與觀點的機會。

你可以透過生活中簡單易行的方式培養自我信任，並與內在世界建立連結。自我信任就像鍛鍊肌肉。一個馬拉松菜鳥不會一開始就挑戰半馬，因為身體無法負荷，而是會從一公里、兩公里開始，用低風險的微小挑戰慢慢訓練自己。

假設你正站在試衣間裡猶豫不決，打算把試穿照傳給四位朋友，好問問他們的意見。在此之前，請暫停一下，先問問自己，是否喜歡穿在身上的衣服？穿上這件衣服時，你有什麼感覺？你是否願意伸手拿起它，並滿心期待地穿上它？或許你最後還是會問朋友們的意見，沒關係，不需要否定這個選擇。重點在於，你要打破立刻向外尋求認可的慣性，先問自己：「你覺得呢？」

你運用內在指引的頻率可能比自己以為的還高。當你注意到自己開始信任自己時，你會看見「自我信任」的肌肉正在茁壯。之所以沒有立刻意識到它，是因為它已成為反射動作，自然而然就會發生。

你如何知道今天早餐想吃什麼？你如何知道果昔比烤吐司更讓你齒頰留香？你如何知道自己想聽輕快的音樂，而不是一首撕心裂肺的情歌？你如何知道自己寧願去散步，而不是慢跑？你如何知道出門前應該多加一件外套？

一整天，你的直覺都在與你對話。

你做得夠多了

雀兒喜正考慮是否停止避孕。我陪著她一起釐清情緒，直到她做出決定。

「我很氣自己沒辦法相信自己，為什麼我不能馬上知道答案？」她對我說。

我提醒她，願意討論不同選項、感受每一種可能性，就是信任自己。即使需要花一點時間，但能了解這一點是值得的。

我們或許以為，只要與直覺連結，答案就會變得顯而易見，但事實並非總是如此。信任自己，並不代表我們眼前的每個決定都能變得輕而易舉。有些決定雖然困難，但不表示它就是錯誤的選擇。信任自己，意味著我們認同自己的內在，卻不意味著決策會因此變得輕鬆。

身體無法分辨想像與真實之間的差別，因此我們可以閉上眼睛，假想各種選擇的可能性，想像其中的細節，並留意身體的感受。或許答案不會立刻浮現，但這是一種「嘗試」不同選項的方式，並觀察身體對不同選項的不同反應。

做決定時，不論大小，你可以運用以下語句來安撫感到恐懼的內在：

・沒有絕對正確或錯誤的決定——這只是一個決定。
・無論我做出什麼樣的決定，都會引領我走向自己所需要的清晰與洞見。
・我正以目前所擁有的知識與覺察，做出自己所能做出的最好決定。
・我對旅程中的每一步都有選擇的權利，也有改變心意的自由。

每當你停下來問問自己「我怎麼看待這件事？」時，便是在對內心感到害怕的部分表示，信任自己是安全的。即使這個決定帶來的結果不如預期，或是引發不適，你仍能在承認這分不舒服的同時，提醒自己是安全的。

療癒，是一個返回內在自我的旅程。沒有終點，也沒有獎項等著頒發給「真正了解自己的人」，因為我們總是在不斷變化。回到內心的重要性，在於接受當下的自己——這樣就夠了。

？反思提問

一、你目前與自我信任的關係為何？

二、你是否有個「完美自我」的幻想（除非完成某事，我才稱得上完美），讓你無法面對真實生活？

三、常讓你沉迷其中的白日夢是什麼？在這個白日夢裡，有什麼是你在現實生活中無法找到的？

我信任直覺的智慧。
我相信自己能做出決定。
我信任內在的指引。

第 11 章

療癒自己，
就是支持他人

是時候放手了

你並不孤單

身為心理治療師，我所獲得最珍貴的禮物之一，是親眼見證有這麼多人正在經歷類似的感受——儘管人們往往覺得自己孤身一人。來談者常常以「這聽起來可能很怪……」為開場白，描述完自己的情況後，再以「你的其他個案也會有這種感覺嗎？」結尾。

在我擔任心理治療師的第二個月，一位個案問我：「為什麼我總覺得別人在生我的氣？」那一刻，我瞬間回到二十歲時第一次接受心理諮商的情景。我記得當時我內心滿是羞愧，暗想：「等你聽到我接下來要告訴你的一切時，你會不會覺得我瘋了？就算別人不相信我的感受，你會相信嗎？你會不會也覺得，我真的很糟糕？」

如今，當人們拿同樣的問題來問我時，總會讓我再次意識到，原來我們內在的經驗是如此隱密且私密。生活在這個日益數位化，同時也日益疏離的世界裡，我們很容易感到孤單，總以為沒人懂得我們的感受。即使在網路上展現脆弱的一面，也往往帶著某種濾鏡，因為我們知道這些話將被他人閱讀、觀看、評價。但儘管我們的背景與人生經歷各不相同，那些最讓我們害怕被世界看見的情緒，卻正是讓我們產生連結的橋梁。

痛苦讓我們過度專注於自己

我知道自己在療癒創傷方面已有了長足的進展，現在的我不再成天專注在「療癒」這件事。二十出頭時，我經歷了一段沉重且必要的內在探索，揭開自己的陰暗面，閱讀無數自助書籍，學習各種不同的模式與它們的表現方式。現在的我不再專注積極的療癒過程，而是更注重生活本身；我練習徹底接納自己，而非糾結於自己哪裡「不對勁」。

我不再焦慮地等待下一件壞事降臨，因為現在我明白，一切都會改變。

我的核心信念已從「一切都是我的錯」慢慢轉向「一切都會變好」。我值得被愛。我很安全。

我不再每分每秒找尋自己身處於危險之中的證據，不再帶著過去那種急迫感四處奔波，不再試圖掌控那些從來就不在我掌控範圍內的事物。

這些感受仍會偶爾襲來，但如今，已不再是我的預設狀態。

療癒曾讓人感覺沉重，但現在，我終於覺得自己能好好呼吸。

當我們處於生存模式時，注意力會過度集中在自己身上，痛苦會占據所有的心思。就像如果你的手指被門夾住，受傷的手指就會成為你所有注意力的中心，直到疼痛慢慢緩解。無論是身體上或情感上的痛楚，痛苦自然會成為生命的核心。但隨著我們逐漸療癒，並培養更多覺察，即使痛苦仍會隱隱發作、持續影響我們，但它終究會慢慢消退。只要覺察足夠敏銳，在感受到疼痛的同時，我們仍能感受到其他事物。

個人的療癒，是對群體的支持

當我們逐漸療癒，便開始有能力去幫助別人，這不是出於討好或恐懼，而是源於真正的關懷。

如果我們無法為自己發聲，又如何為他人發聲？倘若我們無法為自身爭取權益，又怎能為別人挺身而出？如果我們無法支持自身，又如何真正支持他人獲得自由？我們為解放自身所做的每一次努力，同樣都是為了他人；我們為了他人自由所做的每一項付出，同樣也是為了自己。正如作家貝爾．胡克斯在《關於愛的一切》中所說的：「選擇去愛的那一刻，我們便開始朝自由邁進，朝向讓自己與他人自由而行動。」

對自己展現關懷的每一個行動，都會在群體之中泛起漣漪。每當你選擇回應而非反應、在關係中溫柔地設定界線、坦誠且清楚地溝通時，人們都會感受到這分力量。你越是活成自己想要的樣貌，就有越多人能注意到，並受到吸引：**你還有不同的選擇，而且你也能這樣做**。

我們可以支持那些陷在討好反應中的人，給予他們害怕、充滿防備的內在部分需要的關懷：放慢腳步、足夠的同理、穩定的陪伴。當他們本能地向外看時，我們可以引導他們轉向內在：「你現在需要什麼？你感受到什麼？我想聽聽你的想法。」當他們變得急迫時，我們可以邀請他們放慢腳步：「你不需要急著回應。」或「要不要先休息一下、睡個覺，我們明天再聊？」最重要的是，透過扎根於自身，我們得以成為活生生的示範，讓討好者知道，原來他們也能安全地做自己。

在療癒中放下完美主義

說實話，即使讀完整本書，你還是會在不需要討好的時候討好別人；還是會做出情緒性的反應，而非有意識的回應；還是會陷入過度思考的漩渦，忍不住確認對方是不是在生你的氣；你還是會過度解釋，再為自己的話感到尷尬。

這一切仍會發生，因為你是個平凡人。重蹈覆轍不代表你失敗了。重點在於你已能發現自己又回到舊有模式裡，這就是最大的進步。想想那些年，你一直在討好他人，卻毫無覺察。療癒始於覺察。留意那個把療癒視為另一種完美主義的苛責聲音，他會說：「你連療癒都做不好，到底怎麼回事？你應該做得更好才對！」如何回應這個聲音，就是療癒本身。每當你按下「暫停」，每當你帶著比前一次更多的關懷，安慰感到害怕的內在部分時，你就是為自己的療癒播下一顆種子。這顆種子將隨著時間、耐心與溫柔的照料而滋養茁壯。

你療癒的不只是自己的行為模式，也是療癒世世代代遭到噤聲的需求與自我忽視。你正在處理那些祖先無法處理的創傷——因缺乏知識、資源與覺察而無法觸及的苦痛。你正在梳理他人從未處理的苦難與模式。請對自己寬容一點。

療癒是一種每日的練習，它要求我們鼓起勇氣，與自身的痛苦同在；它要求我們帶著關懷，同理那些被放逐的自我。改變並非一朝一夕就能實現，療癒沒有可衡量的終點，一切盡在當下。

個人的療癒，是對群體的支持。
我正以恰如其分的步伐
展開行動。

致謝

交出書稿三天後，父親因健康因素猝逝，不禁令我百感交集。我在書中談了許多關於母親生病的緩慢歷程，沒想到父親竟比她先一步離世。寫這本書時，我內心一直期待父親也能讀到它。雖然他終究無法親眼看到這本書出版，我仍感激他支持我訴說自己的故事。他的存在已深深織進書中的一字一句，他的離去則為本書增添了耐人尋味的層次，提醒我悲傷的複雜性。

身而為人，我們原本就不是為了獨自承擔一切而存在。要從無到有創作一本書，絕不可能憑我一己之力完成；幸運的是，在孕育本書的過程中，我得到了許多人的支持：

瑞貝卡．葛瑞丁格（Rebecca Gradinger），我無法理解我到底有多幸運，才能在這個充滿挑戰的世界裡，與你這位聰慧卓越的文學經紀人並肩同行。謝謝你對我的信任與支持，我們一同腦力激盪，一同築夢，謝謝你始終如一、穩定可靠的陪伴。我相信這只是起點！

蘿倫．史匹格（Lauren Spiegel），這本書出色非凡的責任編輯，你的細膩思維、清晰洞見，以及踏實沉穩的判斷力，都深深烙印在書中。撰寫這樣的一本書（尤其是第一次寫書）本身就充滿挑戰，而你讓我感受到無比安心。

衷心感謝 Gallery 的卓越團隊，因為有你們的努力，才讓我的第一本書順利來到這個世界。珍・柏格斯特羅姆（Jen Bergstrom），感謝你的才華、熱忱與活力。也感謝艾蜜・貝爾（Aimée Bell）、莎莉・馬文（Sally Marvin）、珍・朗（Jen Long）、麗莎・李特瓦克（Lisa Litwack）、吉兒・席格（Jill Siegel）、露西・納倫（Lucy Nalen）、泰勒・朗德斯特維特（Taylor Rondestvedt）、麥肯錫・希基（Mackenzie Hickey）、法倫・麥克奈特（Fallon McKnight）、金柏莉・勞斯（Kimberly Laws）、卡羅琳・帕洛塔（Caroline Pallota）、南茜・托尼克（Nancy Tonik）、布莉姬・布萊克（Brigid Black）與喬恩・卡普（Jon Karp）。

感謝羅德里戈・科拉爾（Rodrigo Corral）設計了經典雋永的書封，也感謝凱特・肯尼—彼得森（Kate Kenney-Peterson）為內頁所做的精緻設計。

聯合人才經紀公司（UTA）是最棒的家。感謝瑪蒂・赫尼克（Maddy Hernick）在提案過程及後續的努力與支持。感謝伊森・施拉特（Ethan Schlatter）、喬吉・梅勒（Georgie Mellor）、凱蒂・哈里森（Katie Harrison）和梅莉莎・欽奇洛（Melissa Chinchillo），你們將這本書帶到世界各地那些需要撫慰的人們手中，真是超級了不起！

感謝遠在大洋彼岸的親愛團隊，特別是我的英國經紀人薩布・柯倫（Sabhbh Curran），感謝你們將本書即時推向全球市場。感謝英國 Square Peg 團隊、英國編輯瑪麗安・塔特波（Marianne Tatepo），以及宣傳與行銷團隊米婭・奎貝爾—史密斯（Mia Quibell-Smith）、艾蜜莉亞・拉申（Amelia Rushen）和摩根・鄧—坎貝爾（Morgan Dun-Campbell）。

感謝從研究所時期到現在一直陪伴我的臨床督導們。我將你們的智慧深藏於心中——如果我能全然融會貫通，該有多好。我還有很多要學習的地方，希望有一天我也能成為像你們一樣出色的治療師。

致我親愛的朋友們（你們知道我指的是誰）。被他人真正了解的感覺確實彌足珍貴。

感謝哥哥們一路以來的支持。感謝父親鼓勵我真誠訴說自己的故事。母親，謝謝你給予我無數機會，我希望能讓你為我感到驕傲。

致我難能可貴的姻親家人，謝謝你們從第一次見面就接納我。你們的存在療癒了我內在破碎的部分。

H，過去這十年裡，無論生命經歷了多少變化，你始終是我不變的依靠。謝謝你讓我知道，愛是安全的。你總是鼓勵我追求更遠大的夢想，卻從不給我任何壓力。謝謝你在我加班至深夜時，發來「今天我來準備晚餐」的訊息；謝謝你在週末散步時，耐心聆聽我喋喋不休訴說各種想法。你的支持堅定如初，和你在一起，就算一輩子也嫌不夠。

致所有曾在社群媒體上溫柔支持、陪伴我的人，謝謝你們。能與世界各地的人們分享自己的內心世界是我的榮幸，也是我始終謹慎以待的責任。

感謝過去與現在所遇見的所有個案。研究所的任何課程都無法讓我預知治療關係的特別之處，謝謝你們的信任，願意讓我走進你們的世界。我將你們的故事珍藏在心中，永遠為你們獻上祝福。

最後，親愛的讀者，謝謝你翻開這本書，謝謝你鼓起勇氣凝視那個不被重視的自己，謝謝你努力不懈地走在一條通往自由與療癒的生命之路。

願你自由。

圓神出版事業機構 Eurasian Publishing Group 用心與你對話・網野無限寬廣
究竟出版社 Athena Press

www.booklife.com.tw reader@mail.eurasian.com.tw

心理 092

你在生我的氣嗎？

眞正的內在修復，從不再聚焦他人的反應開始

作　者／梅格・約瑟夫森（Meg Josephson）
譯　者／盧相如
發 行 人／簡志忠
出 版 者／究竟出版社股份有限公司
地　址／臺北市南京東路四段50號6樓之1
電　話／（02）2579-6600・2579-8800・2570-3939
傳　眞／（02）2579-0338・2577-3220・2570-3636
副 社 長／陳秋月
副總編輯／賴良珠
資深主編／黃淑雲
責任編輯／林雅萩
校　對／林雅萩・歐玟秀
美術編輯／蔡惠如
行銷企畫／陳禹伶・鄭曉薇
印務統籌／劉鳳剛・高榮祥
監　印／高榮祥
排　版／莊寶鈴
經 銷 商／叩應股份有限公司
郵撥帳號／18707239
法律顧問／圓神出版事業機構法律顧問　蕭雄淋律師
印　刷／祥峰印刷廠
2025年10月　初版

定價 400 元　ISBN 978-986-137-493-2

療癒是一趟值得你一去的旅行，
即便心底明白在路途中勢必會經歷到一些痛苦與磨難。
你的過往賦予了你對生命意義的獨特理解，
事實上，也只有你能決定現在該拿自己的人生怎麼辦。
你正走在對的那條路上，因爲你已經在這裡了。

——艾瑞爾・許瓦茲博士，《創傷療癒手冊》

國家圖書館出版品預行編目資料

你在生我的氣嗎？：真正的內在修復，從不再聚焦他人的反應開始／梅格・約瑟夫森（Meg Josephson）著，盧相如譯
-- 初版 -- 臺北市：究竟出版社股份有限公司，2025.10
320 面；14.8×20.8公分 --（心理：92）
譯自：Are you mad at me?: how to stop focusing on what others think and start living for you
ISBN 978-986-137-493-2（平裝）
1.CST：心理治療　2.CST：心理創傷　3.CST：防衛作用
178.8　　114011355